Heinz Sielmann
und
Claudia Toll

Zwergkaninchen
erleben, verstehen, beschäftigen

KOSMOS

Inhalt

Mit Heinz Sielmann zu den wilden Verwandten der Zwergkaninchen

Service 62

So fühlen sich Zwergkaninchen wohl
> 6

Mit Heinz Sielmann zu den wilden Verwandten der Zwergkaninchen
> 9, 17

Was Zwergkaninchen gerne fressen
> 13

So werden Zwergkaninchen zutraulich
> 14

Zwergkaninchen richtig verstehen
> 16

Wir lernen uns kennen

Was Zwergkaninchen alles brauchen

So fühlen sich Zwergkaninchen wohl

Tipp

Vor dem Kauf überlegen

Zwergkaninchen können sechs bis acht und sogar bis zu zehn Jahre alt werden. Für so eine lange Zeit müssen Sie sich auf die Tiere einstellen und ihnen ein gutes Leben schaffen. Zwergkaninchen sind immer Tiere für die ganze Familie – nicht allein für die Kinder.

Zwergkaninchen sind die Haustiere, die sich gerade Kinder sehr häufig wünschen. Sie können so lieb und sanft sein, sie haben ein weiches Fell, sie sind munter, sie müssen nicht ausgeführt werden, können in einem Gehege leben, kurz: Zwergkaninchen gelten als Tiere, die sich leicht halten lassen. Das stimmt – aber nur zu einem kleinen Teil. Denn sie sind lebhafte Frühaufsteher und unternehmungslustige Hoppler, Springer und Hakenschläger. Sie haben ihre Eigenarten: Sie können ganz zärtlich, manchmal auch ein bisschen zickig sein. Zwergkaninchen sind keine Kuscheltiere und keine Käfigtiere. Sie sind Haustiere mit Charakter!

Viel Platz für Zwergkaninchen

Kaninchen sind keine Käfigtiere: Wer sie richtig kennen lernen will, muss ihnen viel Platz zur Verfügung stellen. Wenn Sie das erste Mal gesehen haben, wie die Tiere sich bewegen, wird Ihnen klar, dass sie nicht nur in einem Käfig gehalten werden können. Haben Zwergkaninchen viel Platz für sich, zeigen sie ihre vielfältigen Verhaltensweisen. Dann kann man beobachten, wie sie umherspringen, toben, wie sie spielen, wie sie buddeln, wie sie sich hoppelnd und fressend vorwärtsschieben. Achten Sie einmal auf die unterschiedlichen Bewegungsabläufe der Tiere. Sie in einer Umgebung zu beobachten, die ganz kaninchengerecht ist, ist einfach herrlich.

Was ist gut für Kaninchen?

Geht es etwa nicht ohne ein großes Gehege und einen Garten? Natürlich wäre das ideal. Aber auch im Haus lässt sich viel für die Hoppler tun. Was brauchen sie, damit sie sich wohl fühlen und alles ausleben können, was zu einem Kaninchendasein gehört? Das ist leicht zu erkennen. Haustiere haben ja noch immer einen Großteil der Eigenschaften der Wildtiere behalten. Die wilden Verwandten der Kaninchen wissen genau, worauf es ihnen im Leben ankommt. Und die leben ganz in der Nähe und können es Ihnen zeigen.

Dämmert's? Beobachten und entdecken

Kaninchen sind Dämmerungstiere. Ihre besonders aktiven Zeiten sind die frühen Morgen- und die Abendstunden. Das ist bei Zwergkaninchen nicht anders als bei Wildkaninchen. Wenn Sie die Tiere beobachten wollen, sollten Sie auch einmal so früh wach sein, dass Sie erleben, wie sie ihren Tag beginnen. Was passiert dann? Wie begegnen sich die Kaninchen nach der Nacht? Was tun sie als erstes? Recken sie sich und gähnen? Haben Kaninchen so etwas wie Rituale, die sich jeden Morgen wiederholen? Sie am Abend bei ihren Beschäftigungen bis zum Rückzug in den Schlaf zu sehen, ist ja einfacher, denn dann sind Sie wahrscheinlich noch wach. Aber auch nachts machen sich Kaninchen ab und zu noch bemerkbar. Und wie ist das tagsüber? Und sind eigentlich alle Zwergkaninchen sofort aufmerksam, wenn erst mal eins von ihnen wach ist?

Kaninchen brauchen Gesellschaft

Beobachten Sie doch einmal das Zusammenleben mehrerer Zwergkaninchen über einen Tag. Was tut sich da nicht alles zwischen ihnen! Manches werden Sie vielleicht gar nicht wahrnehmen, weil die Signale der Tiere für Menschen zu fein sind. Aber schon das, was zu sehen ist, sagt vor allem eins aus: nicht ohne meinen Partner! Wer kann einem Kaninchen am zärtlichsten die Ohren lecken? Wer versteht, was es sagt, wenn es das Köpfchen senkt? Wenn es die Ohren nach hinten legt? Oder wenn es so nett mit der Schnauze stupst? Wer pflegt freundlich sein Fell und drückt damit seine Zuneigung aus? Wer ist, Fell an Fell, am kuscheligsten? Wer spielt mit ihm Fangen und Hinterherhoppeln? Immer nur ein anderes Zwerg-

Das brauchen Kaninchen: Viel Platz und ein abwechslungsreich eingerichtetes Gehege. Vor allem aber brauchen sie Gesellschaft: Sie fühlen sich nur dann wohl und sind am muntersten, wenn sie wenigstens zu dritt leben können.

kaninchen! Nichts und niemand anderes, kein so völlig anderes Tier wie ein Meerschweinchen, kein Mensch, und wäre er auch noch so oft da und würde liebevoll streicheln, und auch kein noch so großer Auslauf im Garten ist ein Ersatz für einen Kaninchenkumpel.

Tipp

Geschlechter unterscheiden

Der Unterschied zwischen Männchen und Weibchen ist gar nicht so leicht zu erkennen: Genau unterm Schwänzchen liegt der After. Die Geschlechtsöffnung darunter ist beim Weibchen länglich, beim Böckchen tritt bei leichtem Druck der Penis hervor.
Ab etwa acht Wochen, also noch vor Einsetzen der Geschlechtsreife, ist eine Kastration des Böckchens möglich. Erfolgt die Kastration später, muss das Böckchen noch für mindestens vier bis sechs Wochen von den Weibchen getrennt werden.

Ein Kaninchen ist kein Kaninchen – nur wenn sie mit ihren Artgenossen hoppeln, spielen, mümmeln können, fühlen sich die geselligen Langohren richtig wohl und zeigen uns ihre faszinierenden Fähigkeiten.

So leben Kaninchen zusammen

Kaninchen sind also gesellige Tiere. Die wilden Verwandten leben paarweise, zusammen mit anderen, in einer Kolonie. Ein Kaninchen, das allein gehalten wird, ist schrecklich einsam. Aber es kann auch nicht mit jedem beliebigen anderen Kaninchen zusammengesetzt werden. Solange sie klein sind, vertragen sich alle Kaninchen. Das ändert sich mit der Geschlechtsreife. Männchen, so genannte Böcke, vertragen sich dann nur noch, wenn sie kastriert sind, sonst kommt es zu üblen Kämpfen. Zwei Weibchen, Wurfgeschwister oder Mutter und Tochter, kommen bisweilen gut miteinander aus, aber auch sie können aggressiv werden, gerade in der Zeit der Hitze, unregelmäßig etwa alle zwei Wochen. Ein Weibchen oder mehrere Weibchen und ein kastriertes Männchen lassen sich meist gut vergesellschaften. Das Männchen bringt immer etwas Ruhe ins Geschehen.

Klare Verhältnisse – die Rangordnung

Zwergkaninchen kennen eine Rangordnung. Wer im Rang tiefer steht, wird dem Ranghöheren in einer Demutshaltung begegnen: Das Kaninchen duckt sich und legt den Kopf tief und die Ohren flach an. Der Ranghöhere droht, die Ohren zurückgelegt, den Körper so gespannt, als wäre er auf dem Sprung. Das ist für den

Feldhase und Kaninchen unterscheiden sich deutlich voneinander, sowohl in der Größe als auch in der Lebensweise. Der Feldhase hat sich nie zähmen und domestizieren lassen. Nur das Wildkaninchen ist der Vorfahre aller Hauskaninchen.

Mit Heinz Sielmann zu den wilden Verwandten der Zwergkaninchen

Wo kommen sie her? Ursprünglich war das Kaninchen in ganz Mitteleuropa beheimatet, aber die iberische Halbinsel wurde in der letzten Eiszeit sein Rückzugsgebiet. Trockenes Klima und trockene Böden bevorzugen die Tiere, wo immer sie sich angesiedelt haben – oder richtiger: wo immer sie von den Menschen angesiedelt wurden. Das war erstaunlicherweise auch bei uns so. Denn das Europäische Wildkaninchen ist auf einem Umweg aus Spanien wieder zu uns zurückgekommen: Nachdem die seefahrenden Phönizier die Tiere entdeckt hatten, wurden sie von den Römern als Nahrung in mauerumfriedeten Kaninchengärten, den sogenannten Leporarien, gezüchtet und gemästet. Im 12. Jahrhundert kamen diese frühen Hauskaninchen dann auch zu uns, zuerst wurden sie von Mönchen und Nonnen in Klöstern gehalten. Und von Tieren, die ausbrachen und schnell wieder verwilderten, stammen die heute bei uns lebenden Wildkaninchen ab.

Inzwischen sind sie wieder in Mitteleuropa verbreitet, in einigen Gebieten ist ihr Vorkommen allerdings sehr begrenzt, und in höheren Lagen sind sie gar nicht anzutreffen. Bei uns leben Kaninchen häufig in leicht hügeligem Gelände mit wenig Bewuchs, mit einigen Büschen hier und da oder dem Waldrand in der Nähe. Am liebsten sind ihnen als Umgebung Hänge und Böschungen in Richtung Osten.

Unterlegenen das Zeichen, sich besser schnell zu verdrücken. Aber manchmal lassen es Kaninchen auf einen Kampf ankommen. Sie schnappen zu, und sie hauen sich mit den Pfoten, dass die Fellfetzen fliegen. Das sieht heftig aus, aber wenn die Tiere Platz zum Ausweichen und Verstecken haben, gibt der Unterlegene lieber bald auf. Und wenn nicht, hilft nur Trennen.

!

So wie sich Wildkaninchen leicht zähmen lassen, wenn die Jungen in einem bestimmten Alter vom Menschen aufgezogen werden, können umgekehrt Hauskaninchen schnell wieder verwildern, wenn es einem entwischten Tier gelingt, sich einer Kolonie anzuschließen. Dann tummelt es sich in der Gruppe, begrüßt sie auf Kaninchenart, verschwindet bei Alarm wie sie im Bau, hoppelt mit ihnen umher. Werden Wild- und Hauskaninchen gekreuzt, setzt sich die Wildform wieder durch.

Zwergkaninchen oder Kaninchen?

Alle Zwergkaninchen sind aus der Verpaarung des kleinsten Kaninchens, des nur etwa ein Kilogramm wiegenden Hermelinkaninchen und der größeren Rassekaninchen entstanden. Aus ihnen sind die sogenannten Farbenzwerge hervorgegangen. Zwergkaninchen werden sie genannt, wenn sie rasselos sind. Wer die Erbgesetze kennt, weiß, dass die Gene der Großen noch vorhanden sind, nur eben rezessiv, also verdeckt. Wenn davon in bestimmten Fällen zwei zusammenkommen, können sie wieder Gestalt annehmen: Dann sind in einem Wurf alle Geschwister klein, nur ein Junges

schon gewusst?

Nachwuchs bei Zwergkaninchen

Die ersten Wochen ihres Leben müssen Kaninchen mit der Mutter verbringen. Von ihr lernen sie die ganze Bandbreite des Verhaltens. Mit frühestens zwei Monaten, noch besser erst mit zehn Wochen, sollten sie von ihr getrennt werden. In diesem Alter sind sie gesundheitlich, seelisch und sozial schon stabil. Leider werden auch viel jüngere Tiere zum Verkauf angeboten, weil sie noch „zwergiger" wirken. Es ist wichtig, dass die Jungtiere auch schon früh, etwa im Alter von drei Wochen, Kontakt zu Menschen haben, und dass sie den Menschen in dieser prägenden Phase als ihnen freundlich zugewandtes Wesen kennen lernen. Sie werden dann schneller zutraulich, wenn Sie bei Ihnen sind.

macht die Ausnahme und entpuppt sich als mittelgroß. Solange die Tiere jung sind, ist das nicht zu erkennen. Die Merkmale bei älteren Tieren: Die Ohren eines echten Zwergs sind nicht länger als fünf Zentimeter. Bei jungen Widdern übrigens hängen die Ohren noch nicht.

Hängeohren und Angoras

Es gibt so viele Rassen und Farbschläge! Da fällt die Auswahl schwer. Überlegen Sie sich, welche Tiere Sie möchten. Widder oder Zwergwidder haben Hängeohren. Sie sehen niedlich aus. Aber wie wichtig sind die Ohren zum Hören und Ausdrücken von Stimmungen! Das kann ein Widder nicht. Stark verzwergte Tiere oder Zwerge mit extremem Rundkopf oder Löwenkopf sind anfälliger für Erkrankungen und können angeborene Zahnfehlstellungen haben. Albinos sind äußerst lichtempfindlich. Angorakaninchen müssen geschoren werden. Gehen Sie auf Ausstellungen von Zuchtvereinen, informieren Sie sich bei Züchtern oder im Zoofachgeschäft, was bei der Auswahl zu beachten ist. Rassekaninchen erkennen Sie an den Tätowierungen in beiden Ohren. Entscheiden Sie sich ruhig auch für ein Tier, das nicht ganz dem Rassestandard entspricht.

Zwergkaninchen stammen vom kleinsten Rassekaninchen ab, dem reinweißen Hermelinkaninchen. Es gibt viele Rassen, aber auch rasselose kleine Kaninchen. Zwergwidder haben wie die großen Widder die typischen Hängeohren.

schon gewusst?

Doppelte Verdauung

Zwergkaninchen fressen, genau wie Meerschweinchen, ihren so genannten Blinddarm- oder Vitaminkot. Das Verdauungssystem von Zwergkaninchen funktioniert ja auf besondere Weise. Der Magen hat kaum Muskeln. Nur weil ständig Futter nachgeschoben wird, bleibt alles in Bewegung. Der Blinddarm ist sehr groß. In ihm produzieren bestimmte Bakterien Vitamine, unter anderem den Vitamin-B-Komplex. Kaninchen nehmen den Kot direkt auf – und mit ihm diese wichtigen Vitamine und etwas Eiweiß, das die Bakterien enthalten.

Ständig mümmeln! Am liebsten mögen Zwergkaninchen – so wie ihre wilden Verwandten – frisches Grün, Kräuter und Gräser, außerdem einige Gemüse- und Obstsorten. Auch richtig gutes Heu fressen sie gerne.

Wer frisst 80-mal am Tag?

Kaninchen sind Dauerfresser. Was sie im Laufe des Tages zu sich nehmen, sind dann allerdings immer nur kleine Häppchen, und das Futter ist nicht besonders energiereich. Es enthält vor allem Rohfaser, und diese Ballaststoffe braucht das Kaninchen für seine Verdauung. Wildkaninchen sind keine Körnerfresser! Sie mögen viele Arten von Gräsern, Kräutern, Zweigen mit Blättern, naschen Knospen, graben Wurzeln und Knollen aus, nagen die Rinde von Bäumen und Sträuchern ab.

Das alles können Sie Ihrem Zwergkaninchen auch bieten. Es ist sogar notwendig. Kaninchen haben gern Abwechslung, aber nicht eine plötzliche Umstellung (siehe Seite 34), und sie mögen nicht alles! Was ihnen nicht schmeckt, rühren sie nicht an. Ja, sie hoppeln sogar weg, wenn es ihnen angeboten wird.

Was fressen Ihre Zwergkaninchen am liebsten? Testen Sie es, beobachten Sie die Reaktion der Tiere. Wenn Sie herausfinden, was die absolute Lieblingskost Ihrer Kaninchen ist, haben Sie immer ein Mittel zum Heranlocken oder zur Bestechung. Aber da Kaninchen ihren eigenen Kopf haben, muss das auch nicht jedes Mal klappen (siehe Seite 48). Wenn Ihre Kaninchen übrigens irgendwann ein bisher sehr beliebtes Futter plötzlich gar nicht mögen, kann es sein, dass sie nicht gesund sind. Auf solche Anzeichen können Sie achten (siehe auch Seite 22 und Seite 34).

Was Zwergkaninchen gerne fressen

Basisfutter Heu

Grundnahrungsmittel ist Heu (grün, würzig duftend, mit langen Stängeln, vielen Gräsern mit Rispen, locker liegend, trocken, nicht staubig). Heu gibt es täglich frisch!

Gemüse und Wildkräuter

Gemüse und Wildkräuter stehen ebenfalls täglich frisch auf dem Speiseplan: Möhre mit Kraut, Fenchel, Salate: Chicoree oder Endivien in geringen Mengen und aus kontrolliertem Anbau. Sellerie, Topinambur, Grünkohl, Kohlrabi-, Radieschenblätter, wenig Gurke und Brokkoli und Steckrübe, sehr wenig frischen Mais, Petersilie, Salbei, Dill, Gräser mit Rispen, Löwenzahn (Blätter, Blüten), junge Giersch- und Brennnesselblätter, Beinwell, Schafgarbe, Rotklee, Ringelblume, Wegerich, Luzerne, Huflattich, Melisse.

Obst

Obst täglich frisch füttern: Apfel (ohne Kerne), wenig süße Früchte wie Birne, Melone, Zwetsche, wenig Kiwi, auch die Schale von Früchten aus kontrolliertem Anbau. Manche Kaninchen mögen auch Banane. Geben Sie bitte nie viel davon.

Zweige

Zweige werden täglich frisch gereicht: Apfel, Hasel, Buche, Weide, Birke, Erle, Fichte.

Trinkwasser

Täglich bekommen die Zwergkaninchen frisches Wasser: Entweder man verwendet eine Nippeltränke oder einen stand- und nagefesten Napf, der sich gut reinigen lässt (siehe auch Seite 22).

Kraftfutter

Kraft- oder Körnerfutter ohne Erdnüsse, Sonnenblumenkerne und Mais wird selten gefüttert. Ausnahme: im Winter oder für trächtige Zwergkaninchen oder zum vorsichtigen Aufpäppeln. Zum Kraftfutter gehören auch viele Sorten Fertigfutter mit einem hohen Anteil an Körnern.

Vorsicht! Nicht füttern

Kohl bläht und kann zu Trommelsucht (siehe Seite 34) führen. Trockenes Brot, Milchprodukte, Süßigkeiten, Essensreste und Hundekuchen dürfen ebenfalls nicht gefüttert werden.

Salz-, Mineral- und Kalkleckstein

Verzichten Sie auf Futterergänzungsmittel. Nur durch ausgewogene und vielseitige Ernährung lassen sich Salz, Kalk und Mineralien richtig dosieren. Jedes Zuviel kann zu Erkrankungen und Schädigungen von Organen führen.

So werden Zwergkaninchen zutraulich

Wenn Zwergkaninchenkinder oder auch erwachsene Tiere zu Ihnen kommen, sind sie nicht immer handzahm. Sie können sehr zutraulich, ja sogar richtig anhänglich werden, wenn von Anfang an alles richtig gemacht wird. Zuerst richten Sie das Gehege ein, dann holen Sie die Tiere ins Haus. Lassen Sie ihnen am Anfang genug Zeit, sich zu orientieren und überall umzusehen. Kaninchenohren sind empfindlich: bitte kein Lärm und kein Besichtigungstrubel.

In den nächsten Tagen gehen Sie immer wieder ans Gehege, nähern sich dabei nur von vorne und halten sich eine Zeitlang bei den Tieren auf. Auch wenn Kaninchen selbst nicht gesprächig sind: Sie verstehen doch sehr gut, dass Sie sie mit freundlicher Stimme ansprechen. Kaninchen können, wenn Sie geduldig genug sind, auf ihren Namen oder auf einen bestimmten Ruf hören und verknüpfen diese Laute schon bald mit Ihrer Ankunft…

…und damit, dass Sie ihnen immer wieder besondere Futterstückchen mitbringen, kleine, wohl schmeckende Überraschungen für die Leckermäulchen. Schneiden Sie diese Leckerbissen in sehr kleine Stücke oder nehmen Sie zum Beispiel eine ganze Möhre fest in die Hand und halten sie den Zwergkaninchen vor die Nase. Nur wenige Kaninchen kommen nicht bald von selbst auf ihren Menschen zugehoppelt. Greifen Sie nie von oben nach den Zwergkaninchen. Das löst bei ihnen Angst aus (Körpersprache siehe Seite 19).

Es kann länger dauern und sich Tage bis Wochen hinziehen, das hängt ganz vom Kaninchen ab, bis sie Ihnen zutraulich das Futter aus der Hand nehmen oder sich bequem direkt von Ihnen füttern lassen. Erst dann können Sie die Tiere behutsam anfassen. Fast alle Kaninchen mögen es gerne, wenn sie am Köpfchen und an den Ohren gekrault werden. Neigt ein Kaninchen schon den Kopf, wenn Sie kommen und hält still, ist das ein gutes Zeichen. Es zeigt Ihnen damit, dass es gerne gestreichelt werden möchte.

So ein Kaninchen ist zahm und vertraut Ihnen. Es hoppelt vielleicht schon bald auf Sie zu, wenn Sie an das Gehege kommen, es läuft vielleicht sogar hinter Ihnen her. Wenn Sie zwei oder mehr Kaninchen haben, kann es sein, dass eins von ihnen besonders zutraulich ist. Es gibt eben auch bei Tieren individuelle Unterschiede, und jedes Kaninchen ist eine Persönlichkeit. Vielleicht können Sie ein Tier bald auch auf den Arm nehmen, ohne dass es sich sträubt.

Es gibt Kaninchen, die von selbst auf den Arm springen. Ein Kaninchen wird hochgenommen, indem es mit der ganzen Hand im Nackenfell – nie an den Ohren packen und nie den ganzen Bauch umgreifen – gefasst wird, während gleichzeitig die andere Hand das Hinterteil abstützt. Oder eine Hand stützt den Bauch, die andere das Hinterteil. Aber Vorsicht: Kaninchen können bei dieser Gelegenheit sehr zappeln und mit den Hinterbeinen strampeln. Ein Kaninchen behutsam und doch sicher im Griff zu haben, ist wichtig. Kleine Kinder schaffen das noch nicht.

Zwergkaninchen richtig verstehen

Wie nehmen Zwergkaninchen ihre Welt wahr? Testen Sie ihre Sinne: Sprechen Sie ganz leise und dann etwas lauter. Oder halten Sie ihnen verschiedene Leckerbissen vor die Nase. Und bewegen Sie sich in unterschiedlicher Entfernung zu den Tieren, nähern Sie sich dann auch von oben und von der Seite (siehe auch S. 50). Auch wenn Zwergkaninchen weniger fit sind als ihre wilden Verwandten: Sie sind aufmerksam und reaktionsschnell.

Nasenblinzeln und Ohrenspiel

Die Nase ist in ständiger Bewegung, 100 Millionen Riechzellen sind in Aktion: Nasenblinzeln wird das genannt. Kaninchen saugen Gerüche richtig ein. Ihr wichtigster Sinn ist jedoch das Gehör, das Hörfeld beträgt 360 Grad, also einmal rundum. Die Ohren wirken wie Schalltrichter, immer wieder verändern sie ihre Stellung und werden unabhängig voneinander in alle Richtungen bewegt, sogar nach hinten. Und mit den Ohren signalisiert ein Kaninchen auch seinen Artgenossen, in welcher Stimmung es gerade ist. Angelegte Ohren und dabei ein angespannter Körper sind schon ein deutliches Drohen (Seite 19). Wenn Ihnen ein Kaninchen so begegnet, lassen Sie es nicht auf eine Konfrontation ankommen. Überlegen Sie, was Sie dem Tier vorher gezeigt haben, dass es sich so benehmen muss.

Kaninchen sind mit allen Sinnen dabei: mit weit geöffneten Augen, mit der schnuppernden Nase und vor allem mit den Ohren. Die werden aufgestellt und wirken wie kleine Schalltrichter, so können Kaninchen in jede Richtung lauschen.

Der Panoramablick

Alles, was sich bewegt, nehmen Kaninchen sehr gut wahr. Durch die seitlich am Kopf liegenden Augen können sie rundum und auch nach oben sehen. Der Sehradius pro Auge beträgt 170,5 Grad! Das räumliche und das Sehen genau nach vorne ist dagegen eingeschränkt. Rollen Sie einen kleinen Apfel in das Gehege: Ihre Kaninchen laufen sicher gleich in die Richtung, aber dann nicht mehr direkt auf den Apfel zu.

Wildkaninchen sind Meister der Anpassung, hellwach, fit und flink: Sie haben ihre Lebensräume manchmal genau vor unserer Haustür. Sie sind Kulturfolger, die sich sogar bis in die Grünanlagen der Städte hinein angesiedelt haben.

Mit Heinz Sielmann zu den wilden Verwandten der Zwergkaninchen

Hellwach, fit und flink

Die Entwicklung vom Wildkaninchen zum zahmen Hauskaninchen, wie wir es heute kennen, war von Veränderungen begleitet, von sogenannten Domestikationserscheinungen. Zu den Domestikationserscheinungen gehört zum Beispiel, dass sich das Gehirngewicht verringert: bei den Hauskaninchen um mehr als zwanzig Prozent. Das Europäische Wildkaninchen hat im Vergleich zu seinem Verwandten in Menschenobhut wachere Sinne, es hat ein besser entwickeltes Sehvermögen, einen ausgeprägteren Geruchs- und Geschmackssinn und ein feineres Gehör.

Und auch das Herz des Hauskaninchens ist kleiner, um mehr als 35 Prozent. Die kleinen Wilden im graubraunen Pelz sind wahrhaftig alles andere als „Hasenherzen" und „Angsthasen". Sie sind auch behänder, da sie kleiner und leichter sind, ihr Körpergewicht beträgt kaum mehr als das des kleinsten Hauskaninchens, des Hermelinkaninchens, sie wiegen nur knapp über ein bis zu zwei Kilo. Wildkaninchen sind also vitale, flinke Powerpakete.

Wehrhaft sind sie aber nicht. Sie sind eben Fluchttiere. Vor allem Jungtiere werden leicht zur Beute des schlanken Wiesels, das sogar in die Baue kommt. Von etwa 1.000 Wildkaninchen werden nur sechs erwachsen. Kaninchen gleichen die Verluste durch eine hohe Geburtenrate aus. Die Häsin kann bis zu sieben Mal im Jahr Junge werfen.

Übrigens können Zwergkaninchen die Pupillen kaum verengen. Grelles Sonnenlicht vertragen sie deshalb gar nicht. Auch in der Dämmerung können sich Kaninchen noch gut mit den Augen orientieren.
Und wenn es ganz dunkel wird, zum Beispiel im Innern des Baus, haben sie ihre kleinen Antennen zur Verfügung: die sensiblen Tasthaare, die an den Seiten der Schnauze und über den Augen sitzen. Um noch besser zu sehen, richten sich Kaninchen auf, sie machen Männchen.

Tipp
So macht Graben Spaß

Legen Sie Ihren Zwergkaninchen alte Tücher hin: Was machen sie damit? Wahrscheinlich werden sie sie mit den Vorderpfoten beseite scharren wie den Aushub für einen Bau. Noch besser aber ist es, wenn die Zwergkaninchen im Gehege einen Untergrund haben, in den sie so richtig schön Löcher buddeln können, Sand oder lockere Erde etwa.

Graben, nagen, Haken schlagen

Für Kaninchen ist ganz klar, was ihnen fürs Leben am wichtigsten ist neben den Artgenossen an der Seite! Sie wollen sich bewegen. Sie sind gewandt, mit ihren kräftigen Hinterbeinen können sie schnell vorwärts sprinten. Sie rasen und schlagen Haken, wenn sie nur genügend Platz dafür haben. Und Zwergkaninchen müssen graben wie ihre wilden Verwandten (siehe Seite 57).

Zwergkaninchen zeigen alle Verhaltensweisen ihrer wilden Verwandten. Wenn sie die Möglichkeit zum Buddeln, Futtersuchen, Hoppeln und Rennen haben, sind sie gut beschäftigt. Auch lustige Spiele lassen sich damit verknüpfen.

So sprechen Zwergkaninchen

Viel Körpersprache – wenig Laute

Kaninchen geben kaum Töne von sich. Für sie kommt es mehr auf die Körpersprache an, wie beim Klären der Rangordnung. Folgende Laute sind bekannt: Sie grummeln, geben kurz aufeinander folgende Töne von sich, wenn sie unwirsch sind. Sie fauchen und knurren als Zeichen für Abwehr und Aggression. Die Böcke brummen beim Umwerben eines Weibchens. Knirschen Kaninchen mit den Zähnen, haben sie Schmerzen. Nur in höchster Not und Todesangst schreien sie. Manchmal fiepen Kaninchen leise, etwa wenn sie auf dem Arm liegen. Lassen Sie das Tier dann sofort hinunter.

Wohlfühl-Signale

Sich wälzen und auf die Seite legen gehört zum Komfortverhalten: Das Tier zeigt damit, dass es sich wohl und sicher fühlt. Liegen Kaninchen still, mümmeln und mahlen, geht es ihnen auch gut.

Drohen

Der Vorderkörper ist geduckt, das Hinterteil wird hochgestellt, die Ohren werden angelegt: eine unmissverständliche Drohhaltung.

Mit der Schnauze stupsen

Leichtes Anstupsen mit der Nase ist freundlich gemeint. Es ist eine Begrüßung oder ein Auffordern zum Streicheln. Wegstupsen hingegen bedeutet: Nun ist es genug.

Gegenseitiges Lecken

Besondere Zuneigung drücken Kaninchen durch gegenseitiges Lecken aus.

Vorwärtsschieben

Wenn Kaninchen etwas Neues erkunden, schieben sie sich hoppelnd vorwärts, Kopf nach vorne, Körper lang gestreckt, Schwänzchen nach oben gestellt.

Klopfen oder Trommeln

Das bekannteste Signal ist das Klopfen oder Trommeln. Dabei ziehen Kaninchen die Hinterbeine an und schlagen sie hart auf den Boden. Sie warnen dadurch ihre Artgenossen vor Gefahren.

Ducken

Ein Kaninchen, das wie erstarrt wirkt, Kopf und Ohren ganz angelegt, stellt sich tot (Foto Seite 18 rechts unten). Es könnte völlig panisch reagieren. Sprechen Sie es beruhigend an, aber gehen Sie nicht auf das Tier zu.

Männchen machen

Kaninchen machen Männchen, wenn sie aufmerksam oder neugierig sind oder wenn sie an einen hoch hängenden Leckerbissen herankommen wollen.

Wie Zwergkaninchen gerne wohnen

Am liebsten ein großes Gehege

Zwergkaninchen wollen nicht einfach in einem Käfig ohne Auslauf wohnen. Richten Sie für die Tiere ein großes Gehege ein (zwei Quadratmeter bei zwei Tieren), das sie – außer in Ausnahmefällen – jederzeit verlassen können.

Viel zu tun haben Kaninchen, die mit Artgenossen zusammen im großen Gehege leben. Wie Wildkaninchen brauchen sie Höhlen und Häuschen zum Verstecken, erhöht gelegene Aussichtsplätze – und immer etwas zum Nagen.

Daran schließt sich eine größere Auslauffläche oder eine abgetrennte Zimmerecke an. Es gibt auch Kaninchenfreunde, die genug Platz haben, um ihren Tieren ein eigenes kleines Zimmer zur Verfügung zu stellen. Auslauf oder Zimmerecke werden kaninchengerecht eingerichtet. Das bedeutet: keine Kabel, keine Giftpflanzen, kein glatter Fußboden, keine wertvollen Möbel.
Das Gehege hat eine beschichtete Bodenfläche oder der Käfig eine Unterschale, auf die etwa zehn Zentimeter hoch Einstreu verteilt wird, darüber Stroh (Haferstroh), darüber Heu.
Wählen Sie einen zugfreien, ruhigen, hellen Platz, der aber keinem direkten Sonnenlicht und Heizungswärme ausgesetzt ist.
Wenn Sie sich für einen Käfig entscheiden, kaufen Sie das größte Modell. Für zwei Tiere mindestens 140 cm x 60 cm x 45 cm. Auch hier gilt, dass die Tiere – außer in Ausnahmefällen – jederzeit Zugang zu ihrem Auslauf haben. Achten Sie bei Käfiggittern auf Querverdrahtung, matt verchromte oder verzinkte Gitter. Der Käfig darf keine Legierung oder Beschichtung haben. Kaufen Sie niemals einen Käfig mit Kunststoffhaube!

schon gewusst?

Kaninchen lieben Aussichtspunkte

So gerne, wie Kaninchen in einen Bau abtauchen, mögen sie auch höher gelegene Plätze als Aussichtspunkte. Hier haben sie den Überblick und nehmen rechtzeitig wahr, wenn sich etwas nähert, sei es der Fuchs am Hang oder der Sperber aus der Luft. Auch Zwergkaninchen bevorzugen diese erhöhten Kaninchensitze.

Wenn die Kaninchen auf den Gitteraufsatz springen können, muss er abgedeckt werden. Sonst besteht an Pfoten und Gelenken beim Absprung durch die Gitterstäbe Verletzungsgefahr!
Im Gehege oder Käfig können Sie eine zweite Ebene oder Bretter als Kaninchenfreisitz anbringen. Sowohl in das Gehege als auch in den Freilauf kommt ein Kaninchenklo.
Einrichtungstipps und Zubehör finden Sie im Kapitel „Wir spielen zusammen“, ab Seite 32.

So bleiben Zwergkaninchen gesund

Ein gesundes Zwergkaninchen ist lebhaft, bewegungsfreudig und aufmerksam. Weil Sie sich jeden Tag mit Ihren Tieren beschäftigen, sie füttern und streicheln, merken Sie schnell, wenn mit einem Tier etwas nicht in Ordnung ist, wenn es sich anders verhält, nicht mehr frisst, sich kaum bewegt, von den anderen zurückzieht, auffällig ruhig ist. Manchmal hecheln Kaninchen vor Erschöpfung oder bei Hitze.
Nehmen Sie jedes Tier auch ab und zu hoch, schauen Sie es genau an, vor allem Bauch und Hinterteil, die Ohren und die Zähne: Wachsen sie gerade? Und die Krallen: Sind sie nicht zu lang? Einmal pro Woche prüfen Sie das Gewicht Ihrer Kaninchen.

Tipp

Tierarzt-Check!

Den Check beim Tierarzt lassen Sie machen, wenn Ihre Zwergkaninchen geimpft werden – gegen RHD (Rabbit Hemmorrhagic Disease), die sogenannte Chinaseuche, und Myxomatose. Sie bekommen einen Impfpass. Die Impfung ist vor allem wichtig für Kaninchen, die auch draußen gehalten werden. Und einmal im Jahr gehen Sie mit Ihren Zwergen zum Tierarzt, damit sie durchgecheckt werden.

Hausputz im Zwergkaninchenheim

Kaninchen sind sehr sauber. Immer wieder putzen sie sich, fahren sich mit den Pfötchen über Kopf und Ohren, bringen das Fell wieder in Ordnung. Haben Sie schon bemerkt, dass sie das öfter tun, wenn Sie sie auf dem Arm hatten oder lange gestreichelt haben? Je nach Größe und Anzahl der Tiere müssen Sie einmal in der Woche alles reinigen, alte Einstreu raus, neue rein! Das Kaninchenklo wird täglich gesäubert und neu eingestreut.
Näpfe für Futter und Wasser spülen Sie jeden Tag mit heißem Wasser. Wenn Sie eine Nippeltränke verwenden, muss sie jeden Tag ausgespült werden. Aus dem Röhrchen gelangen immer Reste in die Flasche, in der es dann von Bakterien wimmelt. Ein standfester Trinknapf, erhöht auf einen Stein gestellt, ist besser.

Zu wenig Heu und Material zum Nagen führt dazu, dass sich die Zähne nicht abnutzen und zu lang werden (rechts unten). Die Tiere können dann nicht mehr fressen. Lassen Sie die Zähne vom Tierarzt unbedingt kürzen.

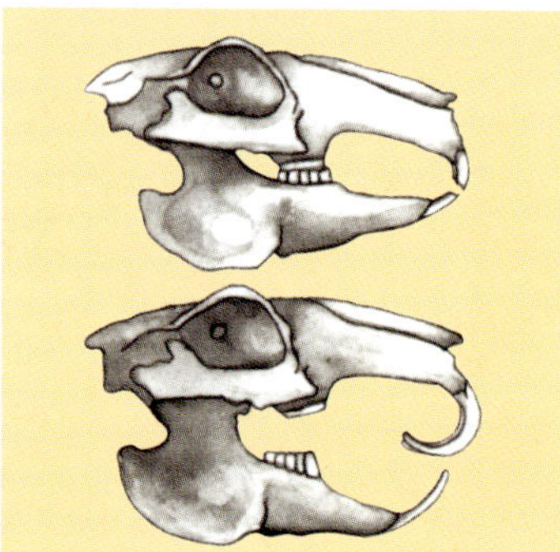

Check

Sind meine Zwergkaninchen gesund?

- Körper walzenförmig, nicht knochig, eckig, nicht aufgedunsen oder prall. Flanken nicht eingefallen. Schwänzchen beweglich und sauber.
- Fell dicht und weich, ohne kahle Stellen oder Verkrustungen, wenn gegen den Strich gestreichelt wird.
- Augen weit geöffnet, nicht verklebt, nicht tränend oder trüb.
- Nase trocken und sauber und immer in Bewegung. Atmung ruhig und regelmäßig.
- Ohren sind außen und innen sauber, nicht verkrustet, beweglich.
- Zähne gleichmäßig und gerade, der Stand der Nagezähne oben und unten stimmt überein (siehe Zeichnung oben Seite 22).
- Krallen kurz und gerade gewachsen.

Test:
Wie gut kenne ich meine Zwergkaninchen?

Beantworten Sie alle Fragen durch Ankreuzen der Kästchen in der Abstufung von

1 (trifft völlig zu) oder

2 (trifft eher zu) oder

3 (trifft weniger zu) bis

4 (trifft gar nicht zu).

1	Wenn ich mich dem Gehege nähere und die Kaninchen rufe, hoppeln sie munter umher, schlagen Haken, machen Luftsprünge.	1	2	3	4
2	Meine Zwergkaninchen hoppeln gleich auf mich zu, wenn ich an das Gehege komme, und begrüßen mich.	1	2	3	4
3	Meine Kaninchen neigen den Kopf, wenn ich mich ihnen mit meiner Hand nähere.	1	2	3	4
4	Manchmal kommt ein Zwergkaninchen und macht den Eindruck, als würde es mich richtig anbetteln.	1	2	3	4
5	Meine Kaninchen stupsen mich mit der Schnauze an, wenn ich sie nur kurz streichle oder gleich damit aufhöre.	1	2	3	4
6	Meine Kaninchen stupsen meine Hand aber auch mit der Schnauze weg, wenn ich sie eine Weile gestreichelt habe.	1	2	3	4
7	Wenn ich ihnen Futter aus der Hand gebe, bleiben meine Kaninchen ganz ruhig sitzen und fressen genüsslich.	1	2	3	4
8	Meine Kaninchen lassen sich von mir auf den Arm nehmen, ohne dabei zu zappeln oder zu kratzen.	1	2	3	4
9	Meine Kaninchen oder eines meiner Kaninchen lecken / leckt manchmal meine Hand.	1	2	3	4
10	Wenn ich ein Zwergkaninchen auf dem Arm halte, streckt es sich lang aus.	1	2	3	4
11	Ich kann meine Kaninchen streicheln, wenn sie zum Ausruhen auf der Seite liegen.	1	2	3	4
12	Meine Kaninchen oder eines meiner Kaninchen schließen / schließt die Augen, wenn ich es streichle.	1	2	3	4
13	Eines meiner Zwergkaninchen ist ganz besonders zutraulich.	1	2	3	4
14	Und ein anderes ist immer etwas zurückhaltend.	1	2	3	4
15	Ich muss zugeben, dass ich ein Lieblingskaninchen habe.	1	2	3	4

Zählen Sie nun Ihre Punkte zusammen.

17 bis 25 Punkte:

Sie und Ihre Kaninchen kennen sich schon sehr gut und die Tiere sind richtig anhänglich. Sie scheinen Sie fast als ihresgleichen anzusehen. Wie haben Sie das geschafft? (Sie haben doch mehrere Kaninchen?) Wahrscheinlich beschäftigen Sie sich viel mit den Tieren, ohne sie dabei zu bedrängen. Das gefällt ihnen gut. Sie mögen Sie!

26 bis 35 Punkte:

Sie kennen sich gut, und ihre Zwergkaninchen sind auch zutraulich. Wenn Sie sich noch etwas mehr Zeit für die Tiere nehmen, kann das nur besser werden. Tipp: Gehen Sie schon mal am frühen Morgen zu den Tieren und befassen sich mit ihnen. Dann sind sie immer ganz besonders aufgeschlossen.

36 bis 48 Punkte:

So richtig gut kennen Sie sich nicht! Geben Sie Ihren Kaninchen die Gelegenheit, Sie besser kennen zu lernen und lernen Sie auch selbst Ihre Kaninchen besser kennen. Das geht am besten, wenn Sie bei ihnen am oder im Gehege bleiben und sich nur ruhig und freundlich verhalten. Versuchen Sie es mit feinen Futterhäppchen als Bestechung.

49 bis 60 Punkte:

Sie kennen sich nicht gut. Haben Sie die Zwergkaninchen noch nicht lange? Beobachten Sie sie einfach mehr. Vermeiden Sie unbedingt alles, was die Tiere verschrecken könnte, dazu gehört etwa das Einfangen oder das Greifen von oben nach ihnen. Bleiben Sie zuerst zurückhaltend und lassen Sie die Tiere von sich aus auf sich zukommen.

Spielideen für muntere Zwergkaninchen
> 28

Mit Heinz Sielmann zu den wilden Verwandten der Zwergkaninchen
> 31, 39, 43

So wird Spielen zum Abenteuer
> 32

Fitnessfood für Zwergkaninchen
> 34

Wir spielen zusammen

Was Zwergkaninchen gerne machen

Spielideen für muntere Kaninchen

Was bedeutet eigentlich Spiel bei Tieren? Bei den meisten Säugetierarten spielen nur die Jungen. Spielen heißt für sie, die Kräfte zu erproben, sich in Jagd- und Fluchtverhalten zu üben, kurz: beweglich, aufmerksam und schnell genug fürs Leben zu werden. Für sie ist Spielen zugleich immer Lernen. Verspielt in dem Sinn, wie wir das verstehen, sind erwachsene Tiere nicht mehr. Ja, aber spielen denn Kaninchen nicht manchmal zusammen? Wenn sie wild herumtoben, sieht es ganz danach aus. Das ist ja auch so etwas wie Lebensfreude. Aber spielen Kaninchen auch mit ihren Menschen? Ja, wenn die sich auf Kaninchens Spiele und ihre Regeln einlassen.

Spiele und Verhalten

Beim Spielen müssen Sie den natürlichen Verhaltensweisen der Tiere entgegenkommen und Ihre Spielanregungen darauf aufbauen. Aus artfremdem Verhalten lassen sich keine Spiele machen. Mit Zwergkaninchen zu spielen, ist ganz anders als mit einem Hund zu spielen. Der macht vieles mit, was wir tatsächlich als echtes Spiel ansehen. Erwarten Sie also nicht zu viel von Ihren Kaninchen. Wenn gerade die Zwergkaninchen auch gerne als „Spielkaninchen" bezeichnet werden, soll damit gemeint sein: Sie sind so handlich, dass mit ihnen wie mit einem Stofftier gespielt werden kann. Das würden die Kaninchen aber anders sehen!

Wenn es dazu auch noch Futter gibt, machen Zwergkaninchen viele Spiele umso lieber mit. Manche Kaninchen schubsen zum Beispiel Bälle vor sich her. Testen Sie, worauf sich Ihre Tiere am liebsten einlassen, es gibt viele Spielmöglichkeiten.

Erst beobachten, dann spielen

Wie immer steht die Beobachtung an erster Stelle. Aus welcher Verhaltensweise könnten Sie ein Spiel machen? In welche Richtung könnten Sie ein Verhalten lenken? Was zeichnet sich schon ab? Und als nächstes beobachten Sie, wie die Kaninchen zusammen spielen. Zu welcher Tageszeit sind sie überhaupt dazu bereit? Wie toben sie herum? Wie lange halten sie durch? Spielen alle Tiere gleich gern? Und gleiche oder ähnliche Spiele? Entdecken Sie bei einem Kaninchen eine besonders ausgeprägte Fähigkeit oder so etwas wie ein spezielles Interesse?

Drunter und drüber geht es bei den Spielen: Wenn sie sich körperlich betätigen, bleiben die Kaninchen gesund und fit. Voraussetzung ist, dass sie dabei viel Platz haben und auch einmal längere Strecken rennen und springen können.

So spielen Zwergkaninchen gerne

Rennen

Für Rennspiele brauchen Zwergkaninchen vor allem Platz. Schaffen Sie einen Freiraum von mindestens sechs Quadratmeter Größe, denn erst dann haben die Kaninchen eine Fläche für sich, auf der sie richtig herumrasen können.

Springen

Die Sprünge, die Wildkaninchen machen können, sind beeindruckend. Für Ihre Kaninchen zu Hause genügt es, wenn sie im Freilauf kleine Hürden haben, die etwa 20 Zentimeter hoch sind. Stellen Sie sie immer so auf, dass die Kaninchen genügend Anlauf haben.

Apportieren?

Werfen Sie einen kleinen Gegenstand in den Freilauf, dann rennen die Kaninchen darauf zu. Es gibt Kaninchen, die kleine Heubüschel oder zerknülltes Papier ins Schnäuzchen nehmen und damit umherhoppeln. Aber ob sie Ihnen das auch bringen?

Scharren, wühlen und andere Spiele

Geben Sie den Kaninchen eine Kiste voll mit alten Decken oder Tüchern, sie scharren darin herum, wühlen sie beiseite und verkriechen sich darin.

Was die Zwergkaninchen sonst noch gerne spielen: Sie klettern, verstecken sich, kullern Klorollen herum, reißen Papier in Fetzen, ziehen an Bändchen und schieben kleine Gegenstände vor sich her.

Tipp

Auf einer Ebene spielen

Machen Sie sich klein, wenn Sie mit Ihren Kaninchen spielen möchten. Von oben herab ist gemeinsames Spiel nicht möglich. Also steigen Sie in das Gehege oder lassen Sie die Tiere in dem extra für sie eingerichteten Raum frei herumlaufen, und setzen Sie sich zu ihnen hinunter. Sie können sie dann bei bestimmten Spielen auch dazu bringen, zu Ihnen auf den Schoß zu springen, wenn Sie sich hinhocken.

Täglich spielen

Nehmen Sie sich jeden Tag ausreichend Zeit für Ihre Zwergkaninchen, beschäftigen Sie sich regelmäßig mit ihnen. Sie werden dann sicher feststellen, dass sich die Tiere auf Sie freuen. Anzeichen sind Luftsprünge und Kopfschütteln. Wenn Sie herausgefunden haben, zu welcher Tageszeit die Zwerge besonders munter sind, nutzen Sie diese Stunden! Natürlich müssen die Tiere zunächst ihren eigenen Geschäften nachgehen, als da sind: Begrüßung in der Kaninchenrunde, Fressen, Fellpflege, die gegenseitige und die eigene. Was noch? Achten Sie einige Tage nacheinander darauf und berücksichtigen Sie diese notwendigen Erledigungen der Tiere.
Danach sind Sie an der Reihe. Viele Tiere scheinen so etwas wie Rituale zu mögen. Führen Sie also bestimmte Abläufe ein. Dazu gehört auch, es den Kaninchen nachzumachen und sich an ihre Sitten zu halten: Erst kommt das freundliche Anstupsen, dann vielleicht eine Runde Umkreisen oder Rennen. Sind die Kaninchen bereit für Spiele? Dann starten Sie!

Mach mal Pause!

Bei jedem Spielen kommt der Augenblick, in dem sich die Kaninchen zurückziehen. Dann haben sie genug. Es kann auch sein, dass sich ein Kaninchen von einer Sekunde auf die andere hinlegt und durch keine Verlockungen dazu zu bewegen ist, wieder aufzustehen. Da Kaninchen Dämmerungstiere sind, ist dann ihre aktive Phase des Vor- oder Nachmittags vorbei. Jetzt müssen sie sich zum Schlafen oder Ausruhen zurückziehen. Ganz sicher kommen sie wieder von selbst an, wenn sie wieder munter sind. Bis dahin überlassen Sie Ihre Tiere ihrem eigenen Lebensrhythmus.

Zusammen mit ihrem Menschen können Zwergkaninchen nur dann spielen, wenn sich beide auf einer Ebene begegnen. Dann haben die kleinen Kaninchen am wenigsten Angst und kommen besonders nah heran.

Kaninchen sind Nesthocker; hilflos, unbehaart, Augen und Ohren geschlossen, kommen sie in einer Höhle zur Welt. Hasen hingegen sind Nestflüchter, die mit Fell, Zähnen, offenen Augen und Ohren geboren werden.

Mit Heinz Sielmann zu den wilden Verwandten der Zwergkaninchen

Wie Kaninchen aufwachsen

Kaninchenmütter legen die Höhle für ihren Nachwuchs, die sogenannte Setzröhre, nicht im Wohnungsbau an, sondern abseits davon. Mit Fellhaaren, ausgezupft von der Bauchunterseite, polstern sie die Röhre weich aus. Die Kaninchenkinder – in einem Wurf drei bis sechs Tiere – werden nach 30 Tagen Tragzeit ohne Fell und mit geschlossenen Augen und Ohren geboren. Die Mutter besucht sie nur einmal am Tag. Jedes Mal verschließt sie den Eingang mit Gräsern. Die Jungen entwickeln sich rasch. Nach acht Tagen haben sie das erste Fell und krabbeln schon, nach zehn Tagen öffnen sie die Augen. Mit drei Wochen kommen sie aus der Höhle. In diesem Alter haben sie eine Prägephase. Hier lernen die Jungen vor allem, wie ihre Eltern und damit Artgenossen aussehen. Im Alter von vier Wochen müssen die Jungtiere die Höhle dann ganz verlassen für den neuen Nachwuchs. In der nächsten Zeit lernen sie die in der Kolonie herrschenden Regeln – das Sozialverhalten.

Die jungen Kaninchen sind sehr bewegungsfreudig, sie hoppeln und sprinten, machen hohe Sprünge. Sie kreisen umeinander, verfolgen sich, flüchten, schlagen dabei ihre Haken und gehen auch aufeinander los. Das alles sieht sehr verspielt und niedlich aus, dient aber in erster Linie der Vorbereitung für ein Kaninchenleben voller Gefahren, denn Kaninchen haben viele Feinde.

So wird Spielen zum Abenteuer

Anregungen für Zwergkaninchen, die von Menschen kommen, haben nur dann Sinn, wenn die Tiere die richtige Umgebung dafür vorfinden. Wie sieht für Zwergkaninchen das Abenteuer aus? Die Welt der Wildkaninchen setzt Maßstäbe. Da ist das Leben wirklich abenteuerlich. So aufregend muss es ja für Zwergkaninchen nicht werden, sie können sicher gut auf die Flucht vor dem Fuchs in den Bau verzichten. Aber vielseitig und abwechslungsreich darf es gerne sein. In Zoofachgeschäften finden Sie Zubehör, und Sie können sich selbst noch viel mehr einfallen lassen.

Tipp

Geduldig bleiben

Kaninchen zeigen immer wieder, was und wie viel sie können. Aber sie sind auch eigenwillig und denken gar nicht daran, das zu tun, was ihr Mensch gerade von ihnen möchte. Wenn gar nichts hilft, kein Locken, keine Leckerei, dann heißt es Geduld haben und abwarten, bis die kleinen Hoppler von sich aus wieder mitmachen möchten.

Ideen für den Abenteuerspielplatz

Heukartons und Röhren

Schneiden Sie in einer Höhe von etwa zehn Zentimetern Löcher in die Wände von Kartons, stellen Sie sie, auch bis zum Rand gefüllt mit Heu, in den Freilauf, im Wechsel mit Röhren, die Sie zum Beispiel aus stabilem Papier oder Kartonbögen basteln können.

Nischen zum Verstecken

Hängen Sie Fichtenäste oder belaubte Zweige so auf, dass darunter Nischen entstehen. Stellen Sie Span- oder Weidenkörbe, geflochtene Kobel, Korkeichen-, Ton- oder Holzröhren und ausgehöhlte Baumwurzeln auf, und gestalten Sie so eine abwechslungsreiche Spiellandschaft.

Wühlparadiese

Bieten Sie verschiedene Arten von Einstreu zum Durchwühlen in einer Kiste oder großen Wanne an: Rinden-, Hanf-, Waldboden-, Heidebodenstreu, Buchengranulat, Vogelsand. (Bitte keine Katzenstreu!)

Kletterlandschaft mit Aussichtspunkten

Legen Sie einen Strohballen zum Hinaufhüpfen, einen Ziegelstein oder einen Terracottakasten in den Freilauf. Bauen Sie aus mehreren Steinen und Stämmen oder Holzscheiben eine standsichere Kletterlandschaft bis in eine Höhe von etwa dreißig Zentimetern.

Rennstrecke mit Hindernissen

Richten Sie eine Rennstrecke ein und legen Sie kleine Hindernisse zum Hinüberspringen oder Überklettern in den Weg, Baumstämme (Durchmesser fünfzehn Zentimeter) oder Holzklötze oder eine Brücke.

Futterparcours

Bauen Sie einen Parcours aus den verschiedenen Hindernissen auf und verstecken Sie kleine Portionen Futter in einigen Ecken.

Das macht Zwergkaninchen Spaß: Durch Röhren laufen, sich unter Zweigen verstecken, Futter suchen und dann weiterhoppeln, aufs Häuschen springen, sich verkriechen. Sie brauchen auch immer wieder neue Anregungen.

Fitnessfood für Zwergkaninchen

Was die Tiere in der Natur nicht kümmern muss, ist für Haustiere wichtig: in Form zu bleiben. Das klappt durch viel Auslauf und durch die richtige Kost. Beides lässt sich miteinander verbinden. Zwergkaninchen sind muntere und bewegungsfreudige Tiere, die selbst nicht gerne träge werden.

Beim Füttern beachten

Es ist immer am besten, wenn die Kaninchen am Morgen nichts anderes bekommen als reichlich frisches Heu und Wasser. Erst einige Stunden danach gibt es dann Frischkost (siehe Seite 13). Wenn Sie zu Hause sind, geben Sie zwischendurch öfter mal etwas Neues. Suchen Sie Grünes und Wildkräuter selbst? Dann nicht von gedüngten und gespritzten Wiesen und nicht von Hundewiesen, von Straßenrändern und Bahndämmen.

Zwergkaninchen sind empfindlich, wenn sie das Falsche fressen, wenn das Futter zu nass ist, zu lange liegt und welk oder feuchtwarm ist. Jede Futterumstellung ist nur ganz langsam vorzunehmen. Bei Kaninchen, die von einem Tag auf den anderen in ein Freigehege auf der Wiese gesetzt werden, besteht die Gefahr, dass sie sich den Bauch mit dem frischen Grün richtig vollschlagen. Falsches Futter kann durch Aufgasung zu Trommel- oder Blähsucht führen. Dann hockt das Kaninchen auffällig still im Gehege, wirkt schwach, atmet schwer und hat einen aufgetriebenen Bauch.

!

Hockt das Kaninchen auffällig still im Gehege, wirkt schwach, atmet schwer und hat einen aufgetriebenen Bauch: Futter absetzen! Sofort zum Tierarzt!

Klettern, turnen, futtern – Speck? Und weg!

Kaninchen haben kaum einen Hals, das ist einfach ihr Körperbau. Einige Kaninchen haben auch rassetypisch oder mit zunehmendem Alter eine Wamme unterhalb des Kinns an der Brust. Die sollte sie aber nie in ihrer Beweglichkeit behindern.

Fühlen Sie mal: Haben Ihre Zwergkaninchen Speckröllchen? Wiegen Sie die Tiere mindestens zwei Mal im Monat. Zwergkaninchen werden durch falsche Ernährung und zu wenig Bewegung zu dick. Das gefährdet ihre Gesundheit, und sie fühlen sich nicht mehr wohl. So beugen Sie vor: Wenn ein Kaninchen zunimmt, wird es zu mehr sportlicher Aktivität aufgefordert und bekommt weniger Futter, das Sie aber nie ganz absetzen dürfen. Knabberstangen, Drops, Gebäck, alle Leckerlis sind grundsätzlich tabu! Als Belohnung geben Sie Ihren Kaninchen nur frische Gemüsestückchen und Kräuter!

Einfach nur aus dem Napf zu futtern ist langweilig für Ihre Zwergkaninchen. Auch hier ist Abwechslung gefragt! Recken, strecken, nach versteckten Futter suchen: Das hält Zwergkaninchen auf Trab und Speckröllchen haben keine Chance.

Futterspiele – schlemmen und fit bleiben

Nehmen Sie einen Leckerbissen in die Hand und halten Sie ihn genau vor die Nase eines Zwergkaninchens. Dann bewegen Sie langsam die Hand immer mehr in die Höhe, bis Ihr Kaninchen sich aufrichtet und Männchen macht. Kann es sich dabei auch etwas zur Seite wenden? Es darf sich das Futterstückchen sofort aus der Hand holen.

Bringen Sie den Kaninchen jeden Tag frische Zweige mit, hängen Sie sie von oben in das Gehege, sodass sich die Tiere strecken müssen, um sie zu erreichen. Das gehört zur Fitness, auch wenn es einfach nur notwendig ist, dass Kaninchen mit ihren wurzellosen, ständig nachwachsenden Zähnen immer etwas zum Nagen haben! Achten Sie darauf, dass die Tiere sich an spitzen Zweigen nicht verletzen können.

Heu bekommen Kaninchen nicht aus einer aufgehängten Drahtraufe, weil immer wieder Tiere hineinklettern und Verletzungsgefahr besteht! Hängen Sie statt dessen einen mit Heu prall gefüllten Stoffbeutel auf und schneiden ein paar nicht zu kleine Löcher in den Stoff. Ziehen Sie schon einige Hälmchen durch die Löcher. Sie müssen allerdings damit rechnen, dass die Kaninchen nach und nach auch den Stoff zerlegen.

Lassen Sie Ihre Kaninchen klettern. Stapeln Sie Ziegelsteine oder Baumscheiben so aufeinander, dass Stufen entstehen und legen Sie vielleicht auch noch oben einen Steg an, der auf der anderen Seite auf einen Pappkarton führt. Dort verstecken Sie einen Leckerbissen. Trauen sich die Kaninchen, diesen Steg zu überqueren? Können sie überhaupt so gut balancieren?

Montieren Sie eine Astgabel auf einen stabilen Untergrund, bohren Sie Löcher mit unterschiedlichem Durchmesser in das Holz und stecken Sie Leckerbissen hinein, zum Beispiel Möhren- und Fenchelstückchen, Petersiliensträußchen oder Apfelviertel. Sie können die Leckerbissen auch in das Geflecht eines Korbs oder in einen Backstein mit Löchern klemmen.

Legen Sie kleine Stückchen von verschiedenen, ganz besonders beliebten Leckerbissen in das Gehege oder den Freilauf. Verstecken Sie sie im Heu oder unter einem Ast, auf einem Stein oder hinter einem Weidentunnel oder legen Sie eine ganze Möhre in die Sandkiste und lassen nur etwas von dem Grün herausragen. Die Kaninchen haben vorher noch kein frisches Grünfutter bekommen. Nun dürfen sie loslegen.

Freilauf für Zwergkaninchen

Die Haltung von Kaninchen im Garten erfordert einiges an Zeit, Arbeit und Geld. Tatsächlich ist nur ein Freigehege artgerecht, sofern es gut durchdacht eingerichtet wird. Auch Kaninchen, die im Haus gehalten werden, sind gerne für einige Zeit im Garten! Frei herumlaufen – das dürfen sie nicht, aber ein einfacher Gitteraufsatz genügt als Freigehege nicht. Sie brauchen ein gesichertes und gestaltetes Gehege. Und die vorübergehende Haltung im Garten darf nie der Ersatz für einen kleinen Käfig im Haus sein.

!

Werden die Zwergkaninchen im Frühjahr nach den Eisheiligen zum ersten Mal in das Freigehege gebracht, wo das Gras gerade so verlockend sprießt, begrenzen Sie unbedingt die Zeit des Aufenthalts. Frisches Gras als plötzliche Futterumstellung und dann auch noch im Überangebot führt ganz sicher zu Verdauungsstörungen (siehe auch Seite 34).

Das richtige Freigehege

Das Freigehege für drei Zwergkaninchen sollte mindestens sechs Quadratmeter groß sein. Und denken Sie auch an Ihre eigene Bequemlichkeit, bevor Sie sich für ein Gehege entscheiden: Es muss so hoch sein, dass Sie sich aufrecht stehend darin bewegen können, sonst müssen Sie alle Arbeiten in gebückter Haltung vornehmen. Das ist auf Dauer anstrengend und kann Rückenschmerzen verursachen. Auch ein Gehege in Zeltform können Sie für Ihre Zwergkaninchen anschaffen. Dann genügt es, wenn nur die Höhe in der Mitte Ihrer Größe entspricht. Achten Sie auch darauf, dass das Gehege für Sie leicht zugänglich ist, aber die Tiere nicht ebenso leicht entwischen können. Wichtig ist es sowohl für die Kaninchen als auch für Sie, dass Sie bei Dauerregen oder starken Schneefällen einen Teil des Geheges abdecken können.

Eine der schönsten Beschäftigungen für die Kaninchen ist es, wenn sie es sich in einer dicken Schicht von frischem Heu gemütlich machen. Bei der Haltung im Freigehege ist Heu, täglich neu aufgefüllt, als wärmendes Polster notwendig.

Der Schrecken der Gärtner: Wildkaninchen schlemmen gerne auch einmal da, wo es der Mensch gar nicht gerne sieht. Die Schäden halten sich jedoch in Grenzen, denn die wilden Hoppler haben bei uns natürliche Feinde.

Mit Heinz Sielmann zu den wilden Verwandten der Zwergkaninchen

So futtern Kaninchen draußen

Wildkaninchen sind wie Hauskaninchen richtige Feinschmecker. Was die Natur ihnen vom Frühjahr bis in den Herbst hinein zu bieten hat, ist vielseitig! Wenn ab März oder April die ersten Gräser wieder sprießen, sieht man Kaninchen beim Naschen. Sie können mit genau gezieltem Biss die Spitzen von Gräsern abnagen. Haben sie in ihrem näheren Umkreis alles abgegrast, hoppeln sie ein Stückchen weiter. Eine bewohnte Kaninchenkolonie ist auch immer daran zu erkennen, dass das Gras hier nur kurz wächst, an manchen Stellen bis auf die Nabe abgegrast ist und hier und da nur noch Sandstellen übrig bleiben. Die Stellen werden oft als Kotplätze genutzt. Im Laufe des Jahres kommt dann ein abwechslungsreiches Angebot an weiteren Futterpflanzen dazu. Wildkaninchen sind bei Gärtnern und Menschen, die einen Garten in der Nähe einer Kolonie haben, nicht unbedingt beliebt, denn sie zeigen auch eine Vorliebe für einige Zierpflanzen. Dass sie bei uns Schäden anrichten wie die Wildkaninchen, die in Australien angesiedelt wurden und ganze Landstriche kahl fraßen, kommt nicht vor. Bei uns haben Kaninchen natürliche Feinde. Aber sie können in einem harten Winter, wenn es wenig Futter gibt, einzelne Büsche und Bäume schädigen, indem sie die Rinde abschälen. Das ist ein Schaden, der sich allerdings in Grenzen hält. Im Winter scharren die Kaninchen auch unter dem Schnee nach Pflanzen.

Für Zwergkaninchen ein großes und durchdacht gestaltetes Gehege im Freien einzurichten, erfordert Aufwand und immer Aufmerksamkeit, aber für die Tiere ist es die artgerechte Form der Haltung. Hier fühlen sie sich richtig wohl.

Freigehege gestalten und einrichten

Das Gehege muss gegen alle Eindringlinge wie Katzen, Füchse, Marder und Wiesel sowie Greifvögel gesichert sein. Die Umzäunung ist aus stabilem Drahtgeflecht, nicht aus Kaninchen- oder Maschendraht. Gegen Kaninchens Grabarbeiten wird es rundum im Boden versenkt, und zwar nicht weniger als fünfzig Zentimeter tief. Nach oben erhält es eine Drahtabdeckung. Lassen Sie das Gehege offen, muss die Höhe über 150 Zentimeter betragen und am oberen Rand Elektrolitze angebracht werden.

Der richtige Standort ist ein Platz im Garten, der nicht voll in der Sonne liegt. Kaninchen vertragen keine Hitze. Es muss Schattenplätze geben, am besten durch einen Baum oder Sträucher oder eine Teilabdeckung. Günstig liegt das Gehege so nah am Haus wie möglich, zum einen zur besseren Beobachtung der Tiere, zum anderen, damit es bei schlechtem Wetter schneller zu erreichen ist. Der Untergrund besteht am besten aus einer Erd- oder Sandschicht, Wiese wird mit der Zeit verschwinden, und darüber wird reichlich Rindeneinstreu verteilt. Heu wird unter Unterständen und überdachten Plätzen – das können auch aufgestellte Holzkisten sein – ausgebreitet. Ebenso das Futter, weil es trocken bleiben muss. Die Futterplätze sind so groß, dass alle Kaninchen darunter schlüpfen können. Sie werden von ihnen gern als Treffpunkt genutzt.

Überall im Gehege gibt es Unterschlupf- und Versteckmöglichkeiten wie Röhren und Tunnel. Außerdem werden den Kaninchen erhöhte Plätze angeboten, etwa Bretter oder ein Zwischenboden. Sie können auch einen Erdhügel aufschichten. Pflanzen Sie einen Strauch, hängen Sie Zweige auf, legen Sie Steine, Baumscheiben, kleine Stämme, Äste, Wurzeln, Körbe ins Gehege. Einen Teil der Gehegegestaltung übernehmen die Kaninchen sowieso selbst.

Ein Haus für draußen

Eine Hütte im Gehege ist immer notwendig! Gut ist es, wenn die Hütte direkt ans Gehege angrenzt, aber außerhalb durch einen Zugang erreichbar und das Dach aufklappbar ist. Das erleichtert die tägliche Kontrolle und Säuberung. Die Hütte hat zur besseren Isolierung keinen flachen Deckel, sondern ein Dach, eventuell mit Dachpappe belegt. Das Dach darf sich nicht öffnen lassen, wenn sich ein Kaninchen dagegen stemmt. Die Hütte aus mindestens zwei Zentimeter dickem Holz steht wind- und wettergeschützt, nicht in praller Sonne, ist wetterfest, gut isoliert und trocken. Sie hat zwei, besser drei boxenartige Innenräume und kleine Lüftungsschlitze. Die Tür bleibt immer offen, gut erreichbar für alle Tiere, auch wenn Schnee liegt. In der kalten Jahreszeit muss sie jeden Tag gesäubert und mit frischem Heu sehr reichlich gefüllt werden. Kaninchen vertragen durchaus Kälte, aber gegen Feuchtigkeit sind sie sehr empfindlich.

Tipp

So stellen Sie die Hütte auf

Das Schlafhaus steht am günstigsten gleich angrenzend am Freigehege, gesichert verbunden durch eine Röhre. So können Sie jederzeit von außen nachschauen, ob alles in Ordnung ist. Junge, kranke oder schwache Kaninchen dürfen bei Kälte nicht draußen bleiben.

Freilauf im Zimmer

Wie Kaninchen gerne wohnen, lesen Sie auf Seite 20. Die normal eingerichteten Zimmer der Wohnung, in denen sie sich frei bewegen können, sind nicht das Richtige, obwohl es einige Kaninchen gibt, die sozusagen Familienanschluss haben. Es bleiben zu viele Gefahrenquellen. Eine Lösung ist das an das Gehege oder den Käfig angrenzende Zimmerfreigehege (siehe Seite 20). In diesem Gelände finden die Kaninchen all das vor, was für sie zum Abenteuer-Spielplatz (Seite 32) gehört. Aber zu voll wird es auch nicht gestellt. Eine freie Rennstrecke bleibt unbedingt.

Freilauf auf dem Balkon

Balkonhaltung ist für Zwergkaninchen auch eine Möglichkeit. Der Balkon darf weder nach Norden noch nach Süden gerichtet sein, am besten nach Osten, Südosten oder Südwesten. Es muss durch die Himmelsrichtung Schattenplätze geben, nicht durch Teilabdeckung mit Tüchern. Eine Hütte für draußen (Seite 41) ist wichtig. Der Balkon ist rundum abgesichert, er hat auch nicht das kleinste Schlupfloch oder Schlitze an der Seite oder am unteren Rand. Bitte beachten Sie noch: Keine Zugluft, keine direkte Sonne, keine Hitze, kein Regen. Damit ihn weder Katzen noch Marder erklimmen können, spannen Sie ein Katzennetz vor den Balkon und darüber, wenn er nach oben offen ist.

Damit es von unten nicht kalt wird, decken Sie den Boden mit Maisstrohmatten ab. Beim Einrichten halten Sie sich an einen Ideenmix aus Abenteuer-Spielplatz (Seite 32) und Freigehege (Seite 40).

Abwechslung beim Freilauf ist wichtig, ganz gleich ob im Zimmer oder auf dem gesicherten Balkon. Gestalten Sie die Umgebung für Ihre Zwergkaninchen auch beim Freilauf so, dass sie ihren natürlichen Bedürfnissen entspricht.

Sprinten, Haken schlagen, in den Bau abtauchen: Wildkaninchen reagieren blitzschnell. Sie erreichen auf der Flucht vor ihren Feinden kurzfristig sogar Geschwindigkeiten von nahezu vierzig Stundenkilometern.

Mit Heinz Sielmann zu den wilden Verwandten der Zwergkaninchen

Immer in Bewegung Nicht nur die Jungtiere sind bei den Wildkaninchen immer in Bewegung. Auch die erwachsenen Tiere müssen körperlich fit bleiben, wenn sie überleben wollen. Von allen Seiten wird ihnen nachgestellt, sind sie von Feinden umgeben. Und für ihre Rettung brauchen sie verschiedene Strategien: Vor Füchsen müssen Wildkaninchen davonrennen und schnell in den schützenden Bau abtauchen. Bei einem Angriff aus der Luft durch Greifvögel müssen sie oft sehr plötzlich lossprinten, fast sieht es aus, als katapultierten sie die langen, kräftigen Hinterläufe dabei nach vorne. Vor der Verfolgung durch Hunde müssen die Kaninchen im Lauf plötzlich die Richtung wechseln, also ihre Haken schlagen. Wenn Wildkaninchen in Gefahrensituationen flüchten, bringen sie es auf eine Geschwindigkeit von knapp vierzig Kilometern in der Stunde. Ausdauernd sind sie allerdings nicht. Das müssen sie auch nicht sein, da sie sich nie allzuweit vom Bau entfernen. Wildkaninchen, das wurde genau erforscht, haben kein besonders ausgeprägtes Heimfindevermögen. Befinden sie sich in etwa einem Kilometer Entfernung vom heimischen Bau, sind sie nicht in der Lage, wieder einen Weg zurück in die Kolonie zu finden. Sie sind sehr ortstreu, vor allem die ranghohen Tiere in der Kolonie. Wenn ein Zwergkaninchen aus dem Freigehege entwischt, kann es also durchaus sein, dass es nicht zurückkommt.

Test:
Was spielen meine Zwergkaninchen am liebsten?

Beantworten Sie alle Fragen durch Ankreuzen der Kästchen in der Abstufung von

1 (Zwergkaninchen machen sofort mit)
2 (machen nach kurzer Zeit mit)
3 (machen selten mit)
bis
4 (machen gar nicht mit)

1	Legen Sie eine Papprolle oder eine Röhre aus Karton in das Gehege oder den Freilauf. Locken Sie die Kaninchen mit einem Leckerbissen durch.	1	2	3	4
2	Rollen Sie einen kleinen Apfel im seitlichen Blickwinkel der Kaninchen quer durch das Freilaufgelände. Rennen Ihre Kaninchen hin?	1	2	3	4
3	Machen Sie nun das Gleiche auch mit einem zerknüllten Papierball, einem Tischtennisball, mit einer Klorolle. Und dann?	1	2	3	4
4	Verstecken Sie in mehreren Pappkartons nur kleine, aber besonders beliebte Futterstückchen. Lassen Sie die Kaninchen nun suchen.	1	2	3	4
5	Schneiden Sie von einer weiten, alten Hose das Hosenbein ab und legen es so in den Freilauf, dass die Kaninchen einen Einschlupf finden. Helfen Sie für den Anfang mit einem Futterstückchen nach.	1	2	3	4
6	Locken Sie die Kaninchen auf einen Baumstamm (Durchmesser fünfzehn Zentimeter, Länge zwanzig Zentimeter) und lassen Sie sie oben laufen.	1	2	3	4
7	Fädeln Sie verschiedene Leckerbissen auf und hängen sie so auf, dass die Kaninchen sich danach strecken müssen.	1	2	3	4
8	Geben Sie jedem Kaninchen ein gleich großes Stückchen Futter. Welches hat den Bissen zuerst weggemümmelt?	1	2	3	4
9	Legen Sie eine Spur aus vielen kleinen Futterstückchen durch den Freilauf.	1	2	3	4
10	Machen Sie jetzt das erste Spiel mit einer Röhre, die im Bogen verläuft.	1	2	3	4
11	Decken Sie einen Futternapf mit einem leichten Pappdeckel ab und legen ein ganz beliebtes Futterstückchen hinein. Welches Kaninchen schafft es, den Deckel abzuwerfen?	1	2	3	4
12	Locken Sie die Kaninchen mit einem Ruf auf einen Strohballen oder einen anderen erhöhten Platz.	1	2	3	4

Zählen Sie nun Ihre Punkte zusammen.

12 bis 18 Punkte:

Ihre Kaninchen machen ja wohl fast alle Spiele bereitwillig mit! Vielleicht fallen Ihnen noch andere Beschäftigungsideen ein, denn die Tiere scheinen anspruchsvoll zu sein. Da sie sowieso nur mitmachen, was und wenn sie wollen, können Sie sie kaum überfordern. Achten Sie aber auf ihre Ruhe- und Rückzugszeiten.

19 bis 26 Punkte:

Sie haben spielfreudige Kaninchen, aber vielleicht lässt sich noch ein bisschen mehr daraus machen? Probieren Sie Neues aus. Aber wenn die Kaninchen sich viel miteinander beschäftigen und munter sind, geht es ihnen bestimmt auch ohne Ihre Spielaufforderungen gut.

27 bis 38 Punkte:

Versuchen Sie es nur mit Anregungen, die dem Kaninchenverhalten entsprechen. Mit leckeren Futterstückchen können Sie ihnen vielleicht noch etwas auf die Sprünge helfen. Wenn in ihrem Umfeld alles stimmt, wenn sie Kaninchenkumpel haben und uneingeschränkt Platz für sich, muss das aber nicht sein.

Von 39 bis 48 Punkte:

Ihre Kaninchen spielen nicht so gerne mit Ihnen. Wenn Sie für alles gesorgt haben, wenn es den Tieren sonst in jeder Hinsicht gut geht und sie nicht träge und unbeweglich sind, lassen Sie ihnen die Zeit für sich. Beobachten Sie sie gut: Beschäftigen sie sich miteinander und zeigen normales Kaninchenverhalten?

Was Zwergkaninchen alles können

> 48

Mit Heinz Sielmann zu den wilden Verwandten der Zwergkaninchen

> 53, 57

Wir beobachten und entdecken

Was Zwergkaninchen alles können

Was Zwergkaninchen lernen können
> 54

Test: Wie schlau sind meine Zwergkaninchen?
> 60

Was Zwergkaninchen alles können

Tipp

Auf Kommando springen

Zwergkaninchen lassen sich auf Geräusche konditionieren und sind fähig, in einigen Zusammenhängen ein bestimmtes Verhalten zu zeigen. Sagen Sie jedes Mal „Hopp!", wenn ein Tier zum Beispiel auf den Strohballen springt. Das kann auch jedes andere Hörzeichen sein, auch ein Fingerschnipsen oder ein Schnalzlaut. Sprechen Sie stets deutlich. Mehr dazu siehe Seite 56.

Was können Kaninchen überhaupt lernen? So viel ist sicher: Sie lassen sich nicht dressieren. Sie lassen sich ja auch zu nichts zwingen in ihrer eigenwilligen Art. Oft hilft nicht einmal freundliches Entgegenkommen oder Bestechung. Kaninchen gehen auf nichts ein, was nicht mit ihrer Welt – das ist nicht weit entfernt noch immer die Welt der Wildkaninchen – zu tun hat. In dieser Welt können sie genug! Wenn Sie möchten, dass Ihre Kaninchen ihre Fähigkeiten zeigen, begeben Sie sich in diese Welt.

Was Kaninchen hören – leise oder laut?

Das Gehör von Kaninchen ist sehr empfindlich. Aber wie sehr? Machen Sie einen Test, um es herauszufinden. Dafür muss es in der Umgebung wirklich eine Weile ganz still sein. Nun beginnen Sie mit einem sehr leisen Geräusch, flüstern Sie zum Beispiel. Reagieren die Zwergkaninchen? Das können Sie leicht feststellen, weil sich dann gleich ihre Ohren bewegen. Wie laut müssen Sie werden, bis Sie die erste Reaktion bemerken? Oder versuchen Sie es mit anderen Arten von Geräuschen: Schälen Sie einen Apfel, zerknüllen Sie Papier, rascheln Sie mit Blättern. Finden Sie heraus, ob die Tiere bei bestimmten Geräuschen beginnen, aufmerksam zu werden oder ob es unabhängig davon nur auf die Lautstärke ankommt.

Verbote

Zwergkaninchen machen, was sie wollen, und manchmal auch das, was sie nicht sollen, obwohl das in einer kaninchengerechten Umgebung eigentlich nicht vorkommen kann. Aber vielleicht nähert sich ein Tier mit erkennbarem Erkundungsverhalten doch einmal einem Kabel oder nagt etwas an, wovon es besser die Zähne lassen sollte. Was hilft dagegen? Sie können es lautstark verbieten, etwa mit einem scharf gesprochenen „Pfui!" oder mit einem Zischen oder Klopfen. Zuerst wird das Zwergkaninchen sicher innehalten, vielleicht macht es gleich weiter, vielleicht wird es auch so abgelenkt, dass es sich danach mit einer anderen Sache beschäftigt. Das Ablenkungsmanöver kann einige Male so funktionieren. Und dann klappt es ein anderes Mal nicht mehr. Ein Zwergkaninchen ist eben nicht gehorsam wie ein gut erzogener Hund.

Keine Zwänge

Zwingen oder bestrafen Sie Ihre Zwergkaninchen bitte nie. Bei Kaninchen führt falsches Verhalten des Menschen dazu, dass sie entweder nur scheu werden und schon die Flucht ergreifen, wenn sich ihnen ein Mensch nähert, oder umgekehrt, dass sie bissig werden und sich auch mit Kratzen zur Wehr setzen.

Zwanglose kleine Herausforderungen zu „Kunststückchen" sind noch keine Dressur. Denn dressieren lassen sich Zwergkaninchen kaum, es sei denn, es geht um etwas, was ihnen selbst Spaß macht. Aber trotzdem klappt es nicht jedes Mal.

Zum Beispiel, wenn sie immer wieder geneckt werden, wenn ihnen Futter hingehalten und wieder weggezogen wird, wenn sie in die Enge getrieben, gescheucht oder festgehalten werden. Sie zeigen dann durchaus ihre angriffslustige Seite und versuchen manchmal auch, Menschen in die Füße zu beißen.

Was Kaninchen sehen

Rundumblick testen

Kaninchen haben diesen erstaunlichen Rundumblick (Seite 16). Wie weit reicht er tatsächlich? Versuchen Sie, sich einem Ihrer Zwergkaninchen von hinten zu nähern, wenn es gerade beschäftigt ist oder wenn es nur still im Heu liegt. Da das Zwergkaninchen natürlich zuerst Ihre Schritte hören würde, müssen Sie zu einem Trick greifen, um sein Sehvermögen zu testen. Spießen Sie getrocknete Apfelringe auf einen langen Ast, und ohne dass Sie sich dabei bewegen, lenken Sie ihn genau in die Richtung des Kaninchens: Was tut das Tier? Bemerkt es sofort, dass sich da jemand oder

Wie gut können Zwergkaninchen sehen? Erkennen sie, wenn sich ihnen etwas genau von hinten nähert? Oder genau von vorne? Mit einem Apfelspieß können Sie den erstaunlichen Rundumblick der Kaninchen testen.

etwas hinter seinem Rücken zu schaffen macht? Oder müssen Sie den Ast ein wenig zur Seite wenden? Wie ist das umgekehrt? Haben Zwergkaninchen genau nach vorne einen toten Winkel? Jetzt machen Sie diesen Test aus der anderen Richtung!

Der Farbentest

Und wie gut ist das Farbensehen bei Kaninchen? Sie können Rot und Grün erkennen. Das lässt sich mit Näpfen in diesen Farben herausfinden. Damit es nicht so einfach wird, machen Sie den Test

nicht mit zwei, sondern mit vier Näpfen, von denen einer rot markiert wird. In diesen Napf wird ein Futterstückchen gelegt. Die Näpfe werden in einiger Entfernung aufgestellt. Wissen die Zwergkaninchen irgendwann, dass nur der rote Napf der richtige ist?

Können die Kaninchen wirklich Rot und Grün erkennen? Mit verschiedenfarbigen Näpfen lässt sich das testen. Und sind sie in der Lage, genau den Napf zu finden, unter dem Futter liegt, und dann auch noch einen Deckel wegzustupsen?

Was Kaninchen riechen und schmecken

Der Geruchs- und Geschmackssinn von Kaninchen ist sehr ausgeprägt. Breiten Sie vor den Tieren reichlich ganz unterschiedliche Futterstückchen aus, und verstecken Sie in dieser großen Auswahl nur einen kleinen Happen ihres absoluten Favoriten. Dauert es lange, bis der Leckerbissen gefunden wird? Oder wird er zuerst weggemümmelt? Auf diesem Wege finden Sie übrigens auch schnell heraus, welches Futter bei den Kaninchen ganz besonders beliebt ist. Haben Ihre Tiere alle den gleichen Geschmack? Legen Sie für jedes Zwergkaninchen eine Liste an mit dem Lieblingsfutter und in absteigender Reihenfolge mit all dem, was weniger gern gefressen wird. Wenn Sie das Lieblingsfutter kennen, können Sie es bei den Spielen und Tests als Belohnung oder als Motivation gezielt einsetzen.

Sie können noch andere Tests machen, bei denen Sie Futter verstecken, um damit herauszufinden, wie fein der Geruchssinn ist. Legen Sie das Futterstück zum Beispiel unter ein Tuch oder in ein zerknülltes Stück Papier.
Haben Sie auch schon bemerkt, wie die Tiere reagieren, wenn Sie einen fremden Geruch an sich haben? Manches beunruhigt sie deutlich: Wenn sie keine Hunde kennen, klopfen sie häufig warnend, wenn Sie einen Hund angefasst haben und dann Ihre Hand dem Kaninchen hinstrecken. Übrigens auch ein Zeichen dafür, wie nah die Instinkte von Hauskaninchen noch denen von Wildkaninchen sind.

Wie Kaninchen markieren

Tiere, die so sensibel auf Gerüche reagieren, bemerken nicht nur in ihrer ganzen Umgebung, wo sich Duftspuren befinden und was sie bedeuten, sondern setzen auch selbst überall ihre Zeichen. Sie markieren ihr Revier, und das ist für Zwergkaninchen das Gehege

Wenn sich Kaninchen begegnen, beschnuppern sie sich gegenseitig. Am Geruch erkennen sie sich wieder – und auch ihren Menschen. In ihrer Umgebung markieren sie alle Gegenstände mit einem Sekret aus der Kinndrüse.

oder der Käfig, und auch ihr weiteres Gelände, in dem sie sich bewegen: der Freilauf im Garten oder die Wohnung. Stellen Sie den Zwergkaninchen einen völlig neuen Gegenstand hin, einen Karton oder einen dicken Ast aus dem Wald. Sofort werden sie – meist an hervorragenden Punkten und Ecken – kurz ihr Kinn reiben (siehe Foto links oben): Damit haben sie die Sache zu ihrem Besitz erklärt! Die Duftstoffe aus der Kinndrüse des Kaninchens sind für Menschen geruchlos. Aber jedes andere Kaninchen kann sie sofort erkennen und weiß sie zu deuten.

Kaninchen sind Weltmeister im Riechen. Sie leben in einer Welt voller Düfte. „Gehörst du zu uns?" bedeutet das gegenseitige Beschnuppern. Sie prüfen dabei, ob der Andere auch den vertrauten Koloniegeruch an sich hat.

Mit Heinz Sielmann zu den wilden Verwandten der Zwergkaninchen

Eine Welt voller Gerüche

Neben dem Gehör spielt bei Wildkaninchen der Geruchssinn eine entscheidende Rolle. Alle Bewohner der Kolonie werden immer wieder Geruchskontrollen unterzogen. Nach dem Anstupsen mit den Nasen, wie es auch bei unseren Hauskaninchen üblich ist, erfolgt das Beschnuppern der Analregion. Die Frage an die anderen Kaninchen ist: Hast du auch unseren Koloniegeruch an dir? Die Rammler bespritzen bei der Balz die Weibchen mit ihrem Harn. Was wir Menschen wohl kaum bemerken würden, wenn wir uns in einer Kaninchenkolonie bewegen: Hier breitet sich im gesamten Umfeld – eine Kaninchenkolonie kann übrigens bis zu zwei Hektar groß sein – überall derselbe „Stallgeruch" aus, und das schafft tatsächlich so etwas wie ein Gemeinschaftsgefühl. Die Tiere markieren in der Umgebung der Baue alle Ecken mit dem leicht wässrigen Sekret aus der Kinndrüse, indem sie kurz das Kinn an dieser Stelle reiben. Außerdem legen sie an bestimmten Plätzen, manchmal an kleinen Erhebungen, ihre Kotplätze an, gekennzeichnet mit den Duftstoffen aus Leisten- und Analdrüsen.

Kaninchen prüfen immer wieder Gerüche, indem sie den Hautlappen, der die Nasenlöcher ganz verschließen kann, hochziehen. Dahinter sitzen die sensiblen Riechzellen. So entsteht das „Nasenblinzeln" der Tiere. Auch bei Zwergkaninchen kann man dies beobachten.

Was Zwergkaninchen lernen können

Wie lernen Tiere? Durch Erfahrung, unter anderem. Am besten funktioniert Lernen, wenn damit Gefühle verbunden sind, ein Glücksgefühl zum Beispiel, bei Tieren genauso wie bei Menschen. Bei Zwergkaninchen ist durch positive Verstärkung einiges zu erreichen, und das bedeutet: Verknüpfung mit feinem Futter! Leckerbissen, zur richtigen Zeit verteilt, werden unvergesslich. Unvergesslich werden aber auch alle schlechten Erfahrungen, dazu gehört es, gejagt und gegen den Willen gepackt zu werden, also: geängstigt zu werden.

Intelligent und neugierig

Was ist Intelligenz bei einem Zwergkaninchen? Wie viel ist von ihm zu erwarten? Natürlich gibt es auch unter Kaninchen ganz verschiedene Individuen, die einen scheinen intelligenter zu sein als die anderen. Wie ist das bei Ihren Tieren? Sind sie alle gleich? Oder gibt es da nicht doch einen Hoppler, der einen gewiefteren Eindruck macht? Das zeigt sich am „Neugierverhalten" der Tiere.
Geben Sie den Zwergkaninchen etwas, was sie noch nicht kennen, ein Spielzeug, einen Haushaltsgegenstand, etwas Mitgebrachtes aus der Natur. Haben Sie Kaninchen, die sich kaum darum kümmern? Oder sind das Tiere, die diesen fremden Gegenstand genau erkunden? Beschnüffeln sie ihn? Hoppeln sie einmal herum?
Je neugieriger ein Tier ist, desto lernfähiger ist es auch.

!

Zwergkaninchen sollen keine Angst haben, sondern entspannt und ruhig sein, wenn etwas Neues auf sie zukommt. Verängstigte Tiere sind nicht aufnahmefähig. In einer entspannten Stimmung ist am meisten zu erreichen. Kaninchen in Panik zu versetzen, kann schlimme Folgen haben, weil sie völlig verängstigt davonstürmen und sich in der Begrenztheit eines Geheges am Gitter verletzen können. Bevor Zwergkaninchen etwas Neues lernen können, müssen sie Vertrauen zum Menschen haben. Geben Sie den Tieren viel Zeit, zutraulich zu werden.

Neues Spielzeug erkunden: Wonach riecht es? Was lässt sich damit machen? Lassen Sie Ihre Zwergkaninchen immer wieder etwas anderes entdecken und selbst herausfinden, was sie damit anfangen können.

Stubenreinheit

Lernen hat Grenzen. Es hat sich gezeigt, dass Kaninchen nur das lernen können, was bei ihnen schon angelegt ist. Zum Revierverhalten der Wildkaninchen gehört das Markieren, das Kennzeichnen bestimmter Plätze innerhalb ihres angestammten Bereichs durch Kothaufen. Manche Haus- und auch die Zwergkaninchen verhalten sich von Anfang an nicht anders: In ihrem Käfig oder Gehege legen sie gleich einen Platz an, auf dem sie Kot und Urin absetzen. Aber nicht jedes Kaninchen bringt dieses Verhalten mit. Wo auch immer es hüpft, lässt es dann seine kleinen Böhnchen fallen, oder es sucht sich eine Stelle, die Sie völlig ungeeignet finden, oder es macht auf seinen Futterplatz.

Mit einem Trick lässt sich dann vielleicht nachhelfen. Stellen Sie ein gut erreichbares Kistchen mit Sand oder Einstreu auf, platzieren Sie im Käfig eine Kaninchentoilette aus Kunststoff oder legen Sie einfach eine Schale in eine Käfigecke und streuen Sie Einstreu darüber. Beobachten Sie das Kaninchen genau! Es gibt Anzeichen! Wenn Sie die nach einiger Zeit erkennen, greifen Sie ein: Sobald ersichtlich wird, dass es jetzt soweit ist, setzen Sie das Kaninchen in das Kistchen. Damit es besser versteht, was von ihm erwartet wird, geben Sie zuvor frische Böhnchen oder verschmutzte Einstreu in das Kistchen. Oft klappt es nach einer Weile mit dieser Methode, und das Kaninchen hält sich daran – oder manchmal auch nicht? Die Kaninchentoilette muss regelmäßig gesäubert werden, sonst benutzen die Tiere diesen Ort nicht mehr. Haben Ihre Kaninchen ein größeres Gehege, können auch mehrere Kistchen oder Schalen für die Hinterlassenschaften in verschiedenen Ecken aufgestellt werden.

Durch eine Röhre zu laufen ist für Kaninchen eine leichte Übung. Vor allem, wenn es dort auch noch Futter gibt. Wird es für sie schwieriger, wenn der Eingang mit Tüchern verhängt ist? Und was, wenn die Röhre in einem Bogen verläuft?

Hörzeichen oder Sichtzeichen

Über bestimmte Verknüpfungen können Zwergkaninchen so etwas lernen wie Kunststücke. Sie müssen dabei immer von einem Verhalten ausgehen, dass die Tiere von sich aus zeigen. Dazu gehört etwa das Männchenmachen. Und so kann es gelernt werden: Sie halten dem Kaninchen ein Futterstückchen hin, und während es sich darüber hermacht, heben Sie die Hand an, bis es sich auf die Hinterbeine setzt. Es ist fraglich, ob ein Zwergkaninchen schon anfängt, Männchen zu machen, wenn Sie dazu jedes Mal wieder dasselbe Wort sagen. Eher achtet es darauf, dass sich Ihre Hand in die Höhe bewegt. Und das kann nach einiger Übung dazu führen, dass es sich schon aufrichtet, wenn Sie nur die Hand heben, auch ohne Leckerbissen.

Durch die Lappen

Fast alle Zwergkaninchen laufen durch Papprollen oder andere Röhren, das machen sie schon von sich aus. Es gibt aber etwas, was sie hierbei noch lernen können: Locken Sie ein Tier durch die Röhre, am anderen Ende gibt es dann immer ein Futterstückchen. Jetzt legen Sie vor den Eingang zunächst nur ein kleines Stück Stoff und locken wieder. Kein Problem? Scharrt das Kaninchen den Stoff einfach zur Seite? Dann hängen Sie ihn von oben über die Röhre. Auch nicht schwierig? Wenn das alle Kaninchen ohne zu zögern schaffen, können Sie den Eingang zur Schlafhütte der Tiere mit einem Stoffvorhang abdecken. Zwergkaninchen können lernen, durch eine Katzenklappe vom Freigehege ins Haus zu kommen.

Buddeln und Graben gehören zu den angeborenen Verhaltensweisen aller Kaninchen. Zwergkaninchen scharren gerne in der Einstreu und in Heuschichten – oder in Tüchern. Ideen zum Buddeln finden Sie auf Seite 29 und 33.

Mit Heinz Sielmann zu den wilden Verwandten der Zwergkaninchen

Graben, buddeln, scharren

Das Anlegen des Baues übernehmen bei den Wildkaninchen vor allem die Weibchen. Es ist kaum vorstellbar, wenn man die doch recht kleinen Vorderpfoten der Tiere betrachtet, dass sie damit tatsächlich umfangreiche unterirdische Labyrinthe anlegen können.

Das geht natürlich nicht in jedem Untergrund gleichermaßen gut. Kaninchen bevorzugen lockere Erde oder sandige Böden. Gegraben wird also eifrig mit den kurzen, aber auch kräftigen Vorderpfoten, während die längeren Hinterbeine den Aushub nach hinten wegschieben und -schleudern. Bis in drei Meter Tiefe können die Tiere sich vorarbeiten. Es gibt Ein- und Ausgänge. Die Hauptröhre des Baus führt hinunter in ein System aus Gängen. Dort liegt auch der Wohnkessel. So ein Bau wird dann über Jahre von den Tieren genutzt.

Die Setzröhre, in der die Kaninchenmutter ihre Jungen zur Welt bringt, befindet sich aber nicht tief in diesem Bau, sondern mehr in der Nähe der Oberfläche. Sie ist auch viel einfacher angelegt. Graben gehört zum angeborenen Verhalten von Wildkaninchen, das müssen die Tiere nicht lernen. Es ist ein Verhalten, das durch die Domestikation nicht einfach verschwunden ist, auch Hauskaninchen zeigen es noch. Und wenn sie keinen Sandboden oder lockeres Erdreich haben, scharren sie in der Einstreu oder auf einem Teppich.

schon gewusst?

Das alte Zwergkaninchen

Wenn ein Zwergkaninchen alt wird, zieht es sich öfter zurück, hoppelt und springt nicht mehr so munter. Aber sonst ist ihm kaum anzumerken, dass es altert. Wenn das Kaninchen sein Leben lang gut ernährt wurde, sich bewegen konnte, sein Kaninchenverhalten ausleben durfte, kann es noch lange gesund und fit bleiben. Es hat ein weiches Fell, es putzt sich, es frisst gerne, vielleicht hört es nicht mehr so gut. Achten Sie auf alle Anzeichen, ob es sich noch wohl fühlt (siehe Seite 23) und lassen Sie es im Zweifelsfall vom Tierarzt untersuchen.

Wie sportlich sind Zwergkaninchen?

Zwergkaninchen sind unterschiedliche Typen, die einen sind sehr sportlich, sie rennen durchs Gehege, hüpfen mit einem Satz auf erhöhte Plätze, überspringen mit Leichtigkeit Hindernisse. Wenn es sich bei diesen jungen Hüpfern um zutrauliche Tiere handelt, die auch gerne mit Ihnen spielen, kommen Sie vielleicht auf die Idee,

„Kaninhop" mitzumachen, den Sport mit Kaninchen. Die Tiere treten auf Turnieren an. Ihnen wird ein Brustgeschirr umgelegt, und sie springen, an der Leine geführt, über verschiedene Hürden. Macht es ihnen Spaß? Wenn das ohne Zwang und ohne Ehrgeiz des Kaninchenhalters abläuft, ein Tier nicht angetrieben wird, sondern die Sache jederzeit selbst beenden kann, mag das sein. Aber es wird jedes Mal von seinen Artgenossen getrennt, aus seiner Umgebung herausgeholt und transportiert. Was meinen wohl die Kaninchen wirklich dazu? Sie würden lieber von sich aus Sport treiben.

Manche Kaninchen betätigen sich sportlich, andere spielen gern oder schmusen lieber. Sie mögen es, wenn Ihr Mensch, mitmacht. Und am liebsten haben sie es, wenn auch noch ihre Kaninchenfreunde dabei sind.

Schmusekaninchen

Manche Zwergkaninchen sind weniger bewegungsfreudig als andere, sie kuscheln lieber. Diese Schmusekaninchen kommen schon von selbst auf ihren Menschen zu, einige richten sich an seinem Bein auf, andere senken den Kopf und signalisieren, dass ihnen jetzt nach ein paar Streicheleinheiten zu Mute ist. Sie sitzen auch lange Zeit still auf dem Schoß des Menschen und stupsen sofort mit der Nase, wenn er zu kraulen aufhört. Haben Sie so ein Schmusekaninchen? Verwöhnen Sie es ruhig ab und zu. Wenn es mit einem oder mehreren anderen Zwergkaninchen zusammenlebt und auch Artgenossen gegenüber dieses Verhalten zeigt, gehört das einfach zu seinem Charakter.

Test:

Wie schlau sind meine Zwergkaninchen?

Beantworten Sie alle Fragen durch Ankreuzen der Kästchen

1 für „Ja"

2 für „Nein"

1	Meine Zwergkaninchen hoppeln auf einen Ruf oder ein bestimmtes Geräusch hin zu mir.	1	2
2	Meine Zwergkaninchen machen Männchen oder richten sich mit den Pfoten an meinen Bein auf, wenn ich Futter mitbringe.	1	2
3	Wenn ich meinen Kaninchen etwas Neues mitbringe, beschäftigen sie sich damit schon bald.	1	2
4	Decken Sie einen Napf mit Futterstückchen mit einer Pappscheibe ab: Meine Zwergkaninchen schieben die Pappe zur Seite.	1	2
5	Wenn ich mich in der Nähe meiner Zwergkaninchen mit etwas beschäftige, kommen sie auch bald an.	1	2
6	Bauen Sie ein Labyrinth aus Kartons auf und verstecken Sie an einigen Ecken Futterhäppchen. Lassen Sie jetzt ein Zwergkaninchen durchlaufen: Mein Zwergkaninchen geht bis zum Ende in alle Ecken.	1	2
7	Wenn ich frisches Futter in einer Papiertüte in das Gehege lege, ziehen sich die Kaninchen – oder zieht sich eines meiner Kaninchen – schon mal das Beste davon heraus.	1	2
8	Wenn ich im Gehege sitze, springen meine Kaninchen – oder springt eins meiner Kaninchen – auf meinen Schoß.	1	2
9	Und wenn ich mich hinlege, nutzen mich meine Zwergkaninchen als Turngerät und hüpfen auf oder über meinen Rücken.	1	2

Zählen Sie nun Ihre Punkte zusammen.

9 bis 11 Punkte:

Ihre Zwergkaninchen sind ziemlich clever! Sie sind neugierig und was noch viel wichtiger ist: Sie haben Vertrauen zu Ihnen. Kaninchen, die bereit sind, so viel mitzumachen, zeigen, dass es ihnen gut geht.

12 bis 15 Punkte:

Ihre Zwergkaninchen sind schlau! Sie könnten aber noch zutraulicher werden, dann lassen sie sich vielleicht auch mal auf etwas Neues ein – und zeigen noch mehr von ihrem Verhalten, an dem sie ihre Klugheit besser beweisen können.

16 bis 18 Punkte:

Natürlich sind Ihre Zwergkaninchen schlau! Aber Sie scheinen mit ihnen nicht sehr viel zu tun zu haben. Leben sie wirklich in artgerechter Haltung? Beobachten Sie Ihre Zwergkaninchen öfter. Kommen Sie ihnen doch ein bisschen entgegen.

Service

Zum Weiterlesen und Weiterclicken

Empfehlenswerte Bücher

Beck, Peter Liebenswerte Zwergkaninchen, Kosmos 2002
Hensel, Wolfgang Deine Zwergkaninchen, Kosmos, 2001
Morgenegg, Ruth Artgerechte Haltung – ein Grundrecht auch für (Zwerg-) Kaninchen, tb-Verlag 2003
Warrlich, Anne Meine Zwergkaninchen, Kosmos, 1999
Warrlich, Anne Warum das Kaninchen Luftsprünge macht. 99 Fragen und Antworten, damit ich mein Zwergkaninchen besser verstehe, Kosmos 2005

Zeitschriften

Ein Herz für Tiere Gong-Verlag, Nürnberg
Kaninchen Deutscher Bauernverlag, Berlin
Rodentia Kleinsäuger-Fachmagazin, Natur und Tier-Verlag GmbH, Münster
Tier Bild Axel Springer AG, Hamburg

Internet

www.diebrain.de
Ausführliche und fundierte Informationen, Erfahrungsberichte, Fotos und Anleitungen, weitere Links

www.zuercher-tierschutz.ch/tierhaltung.html
Vielzahl an Informationen über Zwergkaninchen. Dr. Tiger erklärt Kaninchenverhalten.

www.zwergkaninchen.net
Bietet zahlreiche Tipps über Pflege, Haltung, Krankheiten und Verhalten.

Nützliche Adressen

Vereine

ZDK – Zentralverband Deutscher Kaninchen-Züchter e.V.
Krefelder Str. 130
D-41063 Mönchengladbach
www.zdk.de

RÖK – Rassezuchtverband Österreichischer Kleintierzüchter, Kaninchen
Mollgasse 11-13
A-1118 Wien

Schweizerischer Rassekaninchenzucht-Verband
Weissenbühlweg 43
CH-3007 Bern
www.sgk.org

Register

Bildnachweis

8 Farbfotos von Juniors Bildarchiv (S. 9, 17, 31, 39, 43, 53, 57), 3 Farbfotos von Christof Salata / Kosmos (S. 40, 41). Alle weiteren 109 Fotos wurden von Ulrike Schanz extra für dieses Buch angefertigt.

Fotos von Heinz Sielmann mit freundlicher Genehmigung der Heinz Sielmann Stiftung

Verlag und Autorin bedanken sich ganz herzlich bei den Zwergkaninchen und ihren Besitzerinnen und Besitzern für das tolle Mitmachen beim Fototermin.

Hanna Ambill
Alpenstr.14
85586 Poing/ Grub

Sandra Münzer
Kiefernschlag 8
90596 Schwanstetten

Markus Lettl
Oberndorf 13
85560 Ebersberg

Ein herzliches Dankeschön an die **Firma Kölle Zoo**, Stuttgart für das schöne Zubehör.

Impressum

Umschlag von eStudio Calamar unter Verwendung von Farbfotos von Juniors Bildarchiv (Motiv Vorderseite) und Ulrike Schanz (kleine Motive Rückseite und Umschlagklappen).

Mit 120 Farbfotos und einer s/w-Zeichnung

Bibliographische Information der Deutschen Bibliothek
Die Deutsche Bibliothek verzeichnet diese Publikation in der Deutschen Nationalbibliografie; detaillierte bibliografische Daten sind im Internet über http://dnb.ddb.de abrufbar.

Alle Angaben und Methoden in diesem Buch sind sorgfältig erwogen und geprüft. Sorgfalt bei der Umsetzung ist indes doch geboten. Verlag und Autoren übernehmen keinerlei Haftung für Personen-, Sach- oder Vermögensschäden, die im Zusammenhang mit der Anwendung und Umsetzung entstehen könnten.

Gedruckt auf chlorfrei gebleichtem Papier

ISBN-13: 978-3-440-10163-6
ISBN-10: 3-440-10163-0
Redaktion:
Ute-Kristin Schmalfuss
Gestaltungskonzept:
eStudio Calamar
Layout und Satz:
Atelier Krohmer
Produktion:
Kirsten Raue / Markus Schärtlein / Tatyana Momot
Printed in Italy /
Imprimé en Italie